ONE WAY CORRISPONDENSE ADRESSED TO THE EUROPEAN LEADERS ABOUT THE STRONG NECESSITY THAT THE DREAM OF A COMMON HOMELAND MAY COME TRUE.THE PROBLEMS AND ITS PRACTICAL SOLUTIONS

Di Iorio Vittorio

ISBN 978-1-326-67980-4
Ristampa Maggio 2016

CONTENT

The delirium of the Lega Nord is to disintegrate Italy, Europe and the World. That is the reason of his political friendship with Putin, Marie Le Pen and Donald Trump. Donald does not remember at all that AMERICA IS THE WORL, not the Padania, a non existent country.

Pope Francis already leads the life of an holy man. The world needs facts and he is alone. Billion of people are starving due to the Third World War and he has big difficulties even to obtain that his Catholic Roman Church shares somehow such a Human Huge Tragedy.

My dream, yet expressed to our former president Giorgio Napolitano, has not been met. The commitment I asked for our people has probably been considered something due to the third world. Our citizens can go on starving.

Unfortunately, Vladimir Putin has not learned the lessons of History. He takes what he wants, like Hitler did.

Humanity is dying because of hunger, of sickness and of wars. Please, do not think you can change things by not voting.

People have always money to buy frivolous things but never enough to protect one's health.

You can enjoy yourselves in harming your health by smoking, by getting drunk, taking drugs and eating all the rotten stuff, but you must realize that you are a big burden for your community. She pays for your vices and your vagaries.

The reason why Steve Jobs found in AMERICA the conditions to create Apple.

UN SALUTO DI SOLIDARIETÀ
AGLI EMIGRANTI

Troppi di voi muoiono mentre inseguono sogni di vita. La ricorrente notizia mi rattrista sempre più e spesso mi fa piangere, perché troppe volte si tratta di morti di massa.

Molti altri vengono riportati nei loro paesi di origine. So che in quel momento maledite l'Italia. L'avrei fatto anch'io se i due poliziotti addetti al controllo dell'immigrazione sul battello per Dover mi avessero impedito di raggiungere Londra, pertanto vi chiedo perdono per questa violenza che vi viene inferta e che distrugge ogni vostra speranza di vita.

Tanti nostri emigranti a loro volta hanno sofferto molte delle vostre umiliazioni.

I nostri nonni in America venivano chiamati WOP, acronimo di *without official permission*.

In Europa per alcuni eravamo dei "macaronì", per altri "spaghettifresser" che vuol dire la stessa cosa, cambia soltanto il tipo di pasta.

In Italia, al Nord, i cartelli "non si affitta ai meridionali" li ho visti anch'io.

In Europa non ci volevano nemmeno nelle trattorie e nei bar, e ce lo dicevano chiaramente, con cartelli che ci accomunavano ai cani.

Per offendervi non sanno più che termini inventare.

I sacrifici che fate, quando vi permettono di restare, servono più al futuro dei vostri figli e nipoti che a voi.

Ciò nonostante non mollate perché un giorno, se non voi, di certo molti vostri discendenti si affermeranno e saranno ricchi, perché spesso ricco lo diventa chi parte da zero.

Molti saranno medici, ingegneri e tanti altri occuperanno posizioni di prestigio e qualcuno replicherà la favola di Obama.

Non demoralizzatevi, non avvilitevi, non mollate perché la storia è dalla vostra parte.

Avendo fatto il contadino in Francia, il cameriere in Germania, il cuoco e il maggiordomo in Inghilterra, comprendo le vostre pene e sento nel mio cuore un forte desiderio di esprimervi la mia più sincera e incondizionata solidarietà.

Patria est ubicumque est bene.
La patria è ovunque si sta bene.

19 Aprile 2014
19° Lettera

Caro Presidente Renzi,

La mia nipotina Vittoria aveva soltanto otto anni quando mi disse: nonno, vai in piazza, sali su una sedia e fai sentire la tua voce. Io parlo con suo padre imprecando alla maniera di Gino Bartali ed in più lamentandomi che non ho la possibilità di farmi ascoltare (non ho emittenti radio-televisive, giornali, non sono un conduttore di talk show e nemmeno posso sperare di farmi chiamare in veste di duellante), ed una bambina di otto anni, appena taccio, con poche parole mi fulmina, spegne il mio fervore, mi raggela e che da quel giorno mi perseguitano e mi spingono a cercare un modo per far ascoltare la mia voce prima che sia troppo tardi, sia per me che sono stato operato per un tumore al colon ed oggi devo combattere contro un tumore alla tiroide, che per l'Italia che deve uscire subito dalla palude.

E' per mettere in pratica l'incitamento della mia nipotina che il mio cervello ha recepito anche come una sonora rampogna e lezione di vita, che ho deciso, caro Presidente, di rendere pubbliche le mie lettere che oltre a pretendere di fornire idee e consigli a Lei, finiscono per essere un continuo accorato appello a noi tutti a salvare tutti assieme il nostro paese.

In questa mia ultima lettera voglio provare a fare una radiografia della situazione come essa si presenta in questo aprile 2014 prima del voto fissato per il prossimo mese di maggio per l'elezione dei nostri rappresentanti al Parlamento Europeo, nella speranza che essa possa risultare specchio fedele della realtà essendo i miei appelli accorati rivolti a liberarci tutti assieme dei vizi e comportamenti che detta diagnosi pretende di mettere in luce.

Poiché in democrazia il voto è il mezzo che i cittadini utilizzano per eleggere quelli che devono occuparsi e risolvere i loro problemi in Italia e a Bruxelles, vediamo a chi, secondo gli ultimi risultati elettorali, va detto voto e cosa propongono oggi i vari chi.

In aggiunta c'è da indovinare cosa pensano e vogliono quelli dell'altro 50% che o non va a votare o vota in maniera da fare annullare la scheda che è la stessa cosa.

- PDL
- M5S
- LEGA
- LISTA MONTI
- PD - SEL
- ASTENSIONISMO

PDL

Quanto vale Berlusconi come imprenditore è sotto gli occhi di tutti e non importa se il suo successo sia stato conseguito con mezzi leciti, illeciti e semileciti perché se dovessimo esaminare altri imprenditori scopriremmo che quasi tutti hanno utilizzato, in parte o tutti, i mezzi di Berlusconi con l'aggravante che spesso non hanno combinato niente. Si pensi alla Fiat che per ringraziare l'Italia e gli italiani ci abbandona al nostro destino ....
Essere un grande non vuol dire però essere Churchill, Gandhi, Mandela, Dante Alighieri, Marconi, Sabin, Fellini, ecc... Si può essere grandi senza risultare utili perché se, edificando la propria fortuna e facendo gli

interessi di pochi e di determinate caste, si fa arretrare un intero paese si è addirittura dannosi.

Prima di parlare del berlusconismo, vale a dire quello che Berlusconi ha prodotto in Italia direttamente o indirettamente, desidero esternare un interrogativo certamente condiviso da moltissimi italiani ed ossia cosa avrebbe fatto Berlusconi politico se nel 1994 il Presidente della Repubblica avesse potuto cancellare tutti i reati, presunti o reali, commessi fino a quel giorno da Berlusconi e questi si fosse così trovato nella condizione di potersi occupare soltanto dei problemi degli italiani.

Non avendo mai votato per Berlusconi (voto quasi sempre per chi è dato per perdente per rafforzare l'opposizione) con questo interrogativo non intendo chiedere di scusare e perdonare Berlusconi ma semplicemente portare a riflettere sul fatto che probabilmente chiunque si fosse trovato al suo posto si sarebbe perso ed avrebbe finito per dimenticare l'Italia e gli italiani per occuparsi prevalentemente dei suoi problemi con leggi e parole che hanno infettato ancor più in profondità il nostro paese.

E' sbagliato sostenere che i vizi privati di Berlusconi devono essere ignorati nel fare una valutazione della sua azione politica e del berlusconismo.

Berlusconi e il berlusconismo, che abbiamo vissuto noi tutti, credo possano essere riassunti in:

- Leggi ad personam;
- Lotta alla magistratura per farla funzionare peggio o affatto quando essa avrebbe dovuto colpire i loro crimini;
- Conflitto di interessi;
- Ultimamente, difesa di quel dittatorello di Putin soltanto perché suo amico di merende;

- Ultimamente, tornare alla lira quale vendetta contro il sorrisino Merkel-Sarkozy (perché lui stesso, Berlusconi, non ne è minimamente convinto)
- Mai la patrimoniale, addirittura mai l'I.M.U.
- Difesa con parole, comportamenti e leggi degli interessi degli evasori, dei ladri, dei corrotti, delle mafie e delle caste per doversi garantire il 100% dei loro voti per poter continuare ad esistere politicamente e potersi così difendere dall'azione della giustizia.
- Una lotta all'evasione fiscale condotta con leggi inadeguate e tali da far figurare l'Italia all'ultimo posto in quanto a numero di detenuti colpevoli di reati di evasione fiscale e simili pur essendo invece al primo posto nella classifica relativa a quanti commettono questi crimini. Anzi per essere certo di non dover cambiare musica, non ha nemmeno fatto le carceri!

Alcuni interrogativi: perché la prima condanna contro Berlusconi arriva nel 2013, 19 anni dopo la sua discesa in politica? Un incidente commesso da una corte di giustizia disattendendo la prassi seguita fino ad allora oppure Merkel, Draghi e gli altri, che in Europa contano, hanno girato pagina essendosi finalmente resi conto che non era più utile sostenere il berlusconismo in quanto lasciandolo continuare ad affossare l'Italia si affossava l'Europa intera?

Consiglio i berlusconisti di smetterla di proclamare che il PDL incarna i valori di Berlusconi e del berlusconismo e di vaneggiare di voler dedicare a Berlusconi una statua, sulla quale scolpire tanti di questi suoi valori, senza rendersi conto che con ciò si finisce con l'augurare tutto il male possibile al PDL ed all'Italia.

Quando gli italiani arriveranno a comprendere e ciò accadrà presto:

- Che la difesa di interessi personali e di casta impedisce a chiunque l'impresa titanica rivolta a tirar fuori l'Italia dalla palude, a salvarci e metterci tutti assieme su l'unico sentiero che porta all'edificazione di una società libera, democratica e civile;
- Che dobbiamo debellare tutte le mafie;
- Che dobbiamo eliminare l'evasione fiscale con leggi serie ed il carcere duro;

il risultato non potrà che essere la riduzione drastica dei mafiosi, dei corrotti, degli evasori, dei ladri e la morte di quei partiti che si ostineranno a proporsi come loro patria elettiva.

Il PDL (FI + NCD) trovi la forza di liberarsi subito di Berlusconi e del berlusconismo per la sopravvivenza e rinascita del centro-destra e la salvezza dell'Italia e dell'Europa.

Non si attenda la morte fisica di Berlusconi, la storia ha già condannato il berlusconismo, ma prendere subito atto del fatto che rimanere nella palude e nelle sabbie mobili in cui hanno messo loro stessi e l'Italia farebbe soltanto prolungare l'agonia ritardando con imperdonabili e gravissimi danni la svolta di rifondazione e rinascita del PDL, della destra e del Nostro Paese.

Movimento 5 Stelle

Per parlare del M5S desidero farlo attraverso la mia storia personale di come ho sperato in Grillo ed oggi sono arrivato a dovermene vergognare.

Ad ottobre del 2012 io e mia moglie siamo andati in Sicilia per accogliere Grillo a Messina grondante di acqua di mare e portatore di speranze e di sogni.

L'abbiamo sostenuto in tanti suoi show ed applaudito sempre anche quando diceva cose opinabili, ridicole al limite dell'assurdo con l'unico intento di aizzare la gente contro Roma e Palermo e conquistare nuovi proseliti e voti.

Ritornati in continente ho subito iniziato a dare il mio contributo al movimento sia in incontri che via internet sul blog di Beppe Grillo, meetup di Campobasso e scambio di messaggi con altri grillini ed amici Facebook.

Quando però comincio a sollevare problemi di democrazia e di regole, già prima di Favia e Salsi, mi viene rimproverato di far perdere tempo e distogliere l'attenzione dai problemi reali con argomenti che vengono definiti "aria fritta e chiacchiere da bar".

Dopo lo strepitoso risultato elettorale sogno subito che ci incontriamo con Bersani per concordare cosa fare per tirare l'Italia, come dice Lei Presidente, fuori dalla palude.

Devo invece assistere e non soltanto io, a spettacoli surreali nei quali Grillo ripete sempre e soltanto "mai con il PD" e gli argomenti, meglio l'assenza di argomenti, consistono in offese, slogan, minacce a tutti e non per ultimo al Presidente Napolitano che, secondo Grillo ed il guru Casaleggio, si è reso colpevole di non aver affidato al M5S il compito di esplorare le possibilità di formare un governo a guida M5S. Mentre l'Italia continua a lottare per non affondare e morire nelle sabbie mobili, Grillo offende gli italiani che lo implorano di fare qualcosa assieme al PD definendoli sciocchi, stupidi, privi di visone ed intimando a quelli che lo hanno votato di non farlo più se non condividono la tattica, la visione e le strategie sue e del guru. Poiché ho la certezza che ormai ha imboccato quella strada che porta quasi sempre ad azioni sempre più suicide e che vede spesso l'intervento divino per aumentarne la portata ed accelerarne il decorso, lo invito a riflettere con l'aforisma latino "quos deus vult perdere, dementat prius".

Ma come è possibile che un guru come Casaleggio, che ha previsto cosa succederà fino alla fine del mondo, non abbia letto o ricordi niente di Nemesi (Creso, Ciro, persiani intenti vanamente a conquistare Atene) la vendetta divina verso la dismisura ed assieme a Grillo continuano a ripetere "mai con il PD, con nessuno", incuranti che l'Italia precipiti sempre più nella rovina e sognando di conquistare la maggioranza per governare da soli contro l'euro, contro la Merkel ed i paesi virtuosi colpevoli di non voler spalmare il nostro debito di oltre 2.100 miliardi su tutta l'Europa, contro la patrimoniale (mi sembra che non la nomini mai), e perfino contro la solidarietà?

Prima che Lei, caro Presidente, dicesse in pubblico che l'accoppiata Grillo-Casaleggio aveva gettato via la vincita al superenalotto anziché passare all'incasso ossia cooperare subito per salvare il paese, gli scrissi
nuovamente invitandolo a riflettere ed evitare errori imperdonabili a chi dovrebbe aver studiato con profitto la storia.

Usai anche a questo riguardo due massime latine:
"bis vincit qui se vincit in victoria"
"vincere scis, Hannibal, victoria uti nescis".

Gli chiesi perfino se si rendeva conto che quegli italiani da lui invitati a non votare più il M5S erano stati indotti, dal suo comportamento, a pensare che lui ed il guru avessero venduto il M5S a Berlusconi, perché lo stavano aiutando meglio ed ancor più di tutti coloro coinvolti in scandali vari quali De Gregorio, Ruby nipote di Mubarak, avvocato Mills ecc.

Secondo me a Grillo-Casaleggio la salvezza ed il futuro dell'Italia non interessano granché ed in ogni caso non più di quanto abbiano fatto in passato e propongono oggi Berlusconi, la Lega e tanti altri.

Come posso condividere:

- Un sistema di selezione dei candidati che non ha niente di democratico in quanto, per il momento, non consente nei fatti il coinvolgimento del 100% degli aventi diritto al voto e che finisce col sacrificare la qualità con conseguenze gravissime perché è stato accertato che un inetto fa più danni di un ladro. Speriamo che Grillo-Casaleggio abbiano almeno capito che questo sistema non garantisce nemmeno quella selezione, alla quale loro mirano, di burattini incompetenti e fedeli a tal punto da mettere in atto in maniera pedissequa gli ordini da loro impartiti;
- Un livello di remunerazione dei loro parlamentari che è adeguato se rapportato al numero astronomico di oggi di deputati, senatori e consiglieri e considerando il valore medio nonché il tempo che i parlamentari dedicano all'attività per la quale sono stati eletti, ma che impedisce di reclutare quelle persone dotate di cultura, professionalità e visione, di cui la società non abbonda affatto, che dovranno poi dimostrare di

essere capaci di tradurre in leggi i programmi necessari per il progresso del paese. Ma come fanno a non rendersi conto che una squadra di calcio che vuole vincere la coppa dei campioni, pur guidata da un binomio di ferro Grillo-Casaleggio, quale loro si ritengono, senza i Pelè, i Maradona, i Messi non si qualifica nemmeno.

Lega
Cosa penso della lega ho scritto un'intera lettera riportata in questo opuscolo.

Lista Monti
La patrimoniale, ubbidendo a Berlusconi e credo senza alcuna sofferenza, non l'ha fatta.
Soffrendo, ha varato l'I.M.U.
Di sicuro vogliono il bene dell'Italia ma da perseguire soltanto con le sacrosante riforme, con tagli pesanti alla spesa sanitaria ed alla scuola e senza toccare in maniera incisiva e necessaria i patrimoni di quei ricchi che detengono la ricchezza dell'Italia in continuo aumento anche in questi anni di disumana crisi per tutti gli altri.

PD - SEL - Altri di sinistra
Cosa è il PD e gli altri alla sua sinistra è la cosa più complicata da comprendere e pertanto da spiegare. Tralasciando di vedere se coloro che li votano sono più uomini o donne, più giovani o vecchi, più o meno istruiti, ritengo utile di individuare il loro profilo nonché quello dei loro eletti che con i loro vizi e difetti atavici impediscono al PD di decollare.
Diciamo subito che politici mafiosi e delinquenti di grosso

calibro o soltanto collusi con queste categorie di individui si trovano anche negli eletti del PD per molteplici circostanze ed opportunità di chi si propone o di chi propone, ma è il PDL il partito istituzionale di riferimento di detti soggetti.

Evasori fiscali ce ne sono e tanti ma sono prevalentemente di piccola taglia.

Una parte delle caste legate alla cultura, al cinema, alla televisione, ai giornali che Berlusconi non gestisce in quanto non create o finanziate da lui.

Sindacalisti nemici irriducibili di chiunque faccia impresa, per intenderci quelli che negli anni '60 hanno impedito al nostro paese di diventare il Giappone d'Europa e quindi nemici in primo luogo degli stessi lavoratori, illuminante al riguardo la marcia dei 40.000 a Torino.

Gente senza arte e né parte che pretende di avere diritto a vivere un welfare da paese ricco soltanto perché il destino ha voluto che nascesse in Italia e gli ingegneri cinesi in Cina.

La stragrande maggioranza del mondo della scuola in special modo insegnanti e professori di scuole primarie e secondarie.

La grande maggioranza di impiegati ed operai sia del settore pubblico che privato.

Gli emigrati, non so in quanti hanno il diritto di voto, penso lo esprimano in prevalenza a favore del PD - Sinistra.

Da questa radiografia credo risulti estremamente difficile capire cosa sono il PD e soci e soprattutto cosa vogliono.

Rebus sic stantibus, come si fa a rimproverare a Bersani di aver perso l'ultima sfida elettorale non essendo stato, poverino, in grado di capire per conto di chi poteva e doveva parlare e cosa poteva e doveva proporre senza dispiacere o offendere nessuno di una così vasta ed eterogenea alleanza.

Ora Lei, caro Presidente, ha deciso di smetterla di rimanere prigioniero dell'interrogativo amletico chi sono e cosa vogliono quelli ai quali chiede il voto, ma di rivolgersi a tutto il popolo, le famiglie lo chiama Lei, per dire che non soltanto a Lei ma anche a quelli che l'hanno preceduto è chiaro da oltre 20 anni cosa il popolo vuole ma che Lei ha anche deciso di farlo ed a tambur battente.

Astensionismo - schede nulle

Non sappiamo chi sono e quale nobile obiettivo intendono conseguire, ma non c'è dubbio che finiscono con il favorire la cattiva politica.

Lo ritengo quindi un fenomeno che andrebbe condannato e combattuto almeno quanto l'evasione fiscale.

Sono convinto che se né il PDL e nemmeno Grillo sono riusciti ad incidere su questo nefasto vezzo, c'è forse per il PD molto da attingere da un così grande serbatoio di voti.

Considerando che:
- La patrimoniale non la vuole nessuno;
- Chi la tollererebbe, purché piccola da risultare un solletico ai loro patrimoni e quindi anche ai problemi dell'Italia, in effetti non la vuole perché sostiene fermamente :"si, ma dopo riduzione della spesa e le riforme" ossia quando l'Italia sarà già affondata e morta ma soprattutto perché pretende che essa venga limitata agli evasori ed a quelli che le tasse non le hanno mai pagate che però non sono reperibili;

- La solidarietà, che Piero Ostellino dice di dover chiamare elemosina o carità, non si vede, eccetto quella che troppi italiani elargiscono tutti i giorni ai propri patrimoni e guadagni (evasione fiscale, attività in nero, conti in paradisi fiscali, ecc.) tanto è vero che in questi anni di crisi selvaggia e disumana la ricchezza dei ricchi è aumentata ancor più. Il mio suggerimento al Presidente Napolitano "ho fatto un sogno", riportato in questo opuscolo, rivolto all'istituzione di un fondo di solidarietà probabilmente non gli è stato dato nemmeno in lettura ma cestinato;

devo assolutamente concludere: faccia pure tutte le riforme necessarie, riduca quanto più possibile la spesa pubblica, ma tenga presente che, a mio avviso, senza la patrimoniale ed altre misure per riprenderci i soldi da chi ce li ha rubati e ci costringe a pagare 80 miliardi all'anno di interessi, Lei rischia di concludere poco con conseguenze irreparabili per l'Italia ed il Sogno Europeo.

E lasci perdere le lamentele di Piero Ostellino. Il suo metodo deve essere soltanto uno ossia quello della decimazione che si pratica quando si è in guerra e bisogna fare di tutto per non perderla.

Le prometto che il mio disturbo cessa con questa lettera.

Cordiali saluti e molta stima.

Vittorio Di Iorio

N.B. in questo opuscolo mancano tre lettere non avendone fatto copia prima della spedizione.

30 marzo 2014
3° lettera

Caro Presidente,
Oggi è domenica e tuttavia le scrivo per parlare di quel dittatorello di Putin.

Le scrivo spesso avendo accolto l'invito che Lei fece agli italiani, indirizzo le lettere 50065 Pontassieve sperando di avere qualche chance in più di essere letto anziché essere cestinato da qualche Suo collaboratore.

Le scriverò probabilmente ancora a lungo a meno che Lei non mi dica di non farlo e così pure farò sei Lei mi dirà di scrivere a Roma anziché dove è la Sua residenza.

Le scrivo spesso per esternare la mia ribellione per ciò che succede, si dice e si scrive in Italia e per ciò che di sbagliato fanno o per ciò che non fanno le Istituzioni Europee ed è evidente tutto secondo il mio punto di vista.

Il mio punto di vista, che coincida parzialmente o totalmente con ciò che pensa Lei e/o i Suoi collaboratori - o anche per niente- credo che vada da Lei considerato in quanto è quello di un cittadino che per tutta la vita ha lavorato come un cane, ha pagato <u>sempre</u> le tasse ed ha votato per tutti coloro che l'hanno fatto sperare che avrebbero fatto il bene dell'Italia.

Ho votato a destra, a sinistra troppo spesso, per il centro ossia per La Malfa, Craxi, Spadolini, Berlinguer, Almirante, Moro, ecc. convinto che fatti salvi la democrazia, la libertà ed i diritti sacri di tutti, il bene dell'Italia è uno solo e lo può realizzare -chi poco, chi tanto- chiunque.

Pensi a che possano servire le ideologie oggi che gli italiani muoiono di fame e l'unica vitale necessità è fare la torta (PIL) e dividerla il più equamente possibile. Se fosse stato utile o lo fosse ancora oggi l'articolo 18 non avremmo milioni di disoccupati .....

Tornando a Putin-Crimea Le chiedo di spiegare agli italiani in occasione di qualche Suo intervento ("formare e coinvolgere il popolo unica speranza per far progredire un popolo" predicava Mazzini) perché non possiamo essere d'accordo per ciò che ha fatto già e potrebbe continuare a fare in una escalation di Hitleriana memoria.

Grillo ha detto che Putin ha ragione ed io non condivido affatto questa sua posizione e penso sempre più che abbiamo a che fare con un comico -buffone di cultura limitata e/o particolare.

Anche Berlusconi ha difeso Putin e voglio sperare semplicemente ed unicamente perché sono amici. Berlusconi ha sempre sostenuto che egli è uno statista e come vede quando può ce lo conferma .... In ogni caso a credere che lui è uno statista, se fosse sincero, è soltanto lui e forse qualcuno che lo vota o schierato dalla sua parte con l'unico scopo di difendere i loro comuni sporchi interessi.

Non comprendo come si possa dare ragione a Putin e non comprendere che egli ha preso una strada che porta dritto alla terza guerra mondiale se non lo convinciamo ad abbandonarla. Senza ignorare, più o meno volutamente, il pericolo ed il caos che si creerebbe in ogni angolo della terra dalla azione di tutti quelli che si sentirebbero autorizzati ad emularlo. Il Sud-Tirolo rivendicherebbe il diritto di annessione all'Austria che a sua volta potrebbe richiedere nuovamente l'Anschluss alla Germania ... l'Argentina continuerebbe a non capire perché la Tatcher con la guerra le ha impedito di annettersi le Falklands. Potrei citare migliaia di casi simili non ultimo le dispute tra Cina e Giappone.

C'è solo da sperare che il Padre Eterno ci continui a salvare da questi pazzi (non importa se, a volte,, all'ultimissimo minuto, ad esempio, dopo che sei milioni di esseri umani sono stati bruciati nei campi di concentramento) perché il giorno che volesse giustamente punirci, sulla terra non rimarrebbe alcuna traccia umana.

Perché sono convinto che è soltanto Lui che ad un certo punto fa cadere tanta neve fuori stagione e salva la Russia da Hitler e fa realizzare la bomba atomica agli U.S.A. -che in quel momento personifica il "bene" qualche mese prima della Germania nazista che incarna il "male assoluto".

Auguri Presidente a che la Sua azione abbia successo.

Cordiali saluti.

Con molta stima

Vittorio Di Iorio

P.S.

Faccia la patrimoniale, glielo ricorderò in ogni mia lettera,. Provi a pensare di quanti soldi Lei e quindi l'Italia disporrebbe se facesse la patrimoniale. Il debito verrebbe dimezzato con detti proventi che si aggiungerebbero a quelli derivanti dalla spending review. E' immorale che per farci prestare i soldi per pagare gli interessi a chi questo debito l'ha creato (politici, industriali, truffatori, tangentisti, evasori grandi e piccoli, sindacalisti, burocrati e parassiti di stato) noi dobbiamo pagare 80 miliardi all'anno.

Faccia la patrimoniale che serve ai ricchi quanto e più che ai poveri e vedrà che la voteranno il 100% degli italiani anche quelli sopraelencati. Il mio conto corrente e la mia pensione sono a Sua disposizione.

31 marzo 2014
4° lettera

Caro Presidente Renzi,

Oggi Le scrivo nuovamente per farle conoscere il punto di vista di un cittadino, non schierato politicamente e/o ideologicamente e senza interessi da difendere quale ritengo di essere. L'argomento di oggi è l'azione che Lei vuole svolgere, per moralizzare e assicurare una buone gestione nelle società interamente o parzialmente pubbliche, verso la quale Sua azione molti sono pronti a combattere con ogni mezzo lecito ed illecito, per sabotarla e continuare a godere così i loro sporchi privilegi di casta assicurati spesso anche con comportamenti ed azioni poco etici - morali - legali.

Vediamo come stanno le cose nelle società quotate in borsa con e senza presenza azionaria dello stato - regioni - province - comuni i cui attori non sanno più cosa dire per cercare di intimidirla (non hanno forse ancora capito con chi hanno a che fare), condizionarla e bloccarla.

Una società quotata in borsa (Eni, Enel, Intesa, Mediaset, Finmeccanica, ecc., ecc.,) ha:

- Uno o più azionisti di maggioranza/riferimento
- Un presidente
- Un amministratore delegato
- Consiglio di amministrazione (board)
- Tanti azionisti risparmiatori
- Direttori di vario livello
- Impiegati e lavoratori

(degli organi di controllo e vigilanza è meglio non parlarne talmente contano niente)

Premesso che le società interamente private sono quelle che più ci costano - sono private quando guadagnano e pubbliche quando bisogna evitare che falliscano (to big to fail) vediamo come esse vengono troppo spesso oggi gestite.

Gli azionisti di maggioranza, quando l'azienda va bene, fanno utili in Italia ed all'estero (vicenda Berlusconi-Mediaset per intenderci).

In verità la cresta che alimenta i conti in paradisi fiscali la fanno anche quando la società genera perdite.

Il presidente, l'amministratore delegato ed i board, (costituito questo spesso con alcuni membri che consigliano come delinquere essendo degli esperti …) guadagnano talmente bene da poter vivere da nababbi ed arricchirsi e se l'azienda fallisce possono continuare a vivere agevolmente di rendita.

Poiché le misure di ristrutturazione consistono in riduzione del personale ed aumento di capitale con emissione di nuove azioni, a volte più di una in poco tempo, si verifica che molti impiegati/operai che prima a stento arrivavano alla fine del mese si trovano, di colpo, a morire di fame ed i piccoli azionisti scoprono che i titoli in loro mani valgono poco o niente. Tenga poi presente che la cricca, anche quando ci sono gli scandali, fa di tutto per evitare di parlare. I segreti se li portano nell'altro mondo e per tenere a bada le coscienze si sono perfino inventato il motto: non si sputa nel piatto in cui si mangia!!

Moretti è in mala fede quando sostiene di parlare anche a nome dei suoi collaboratori. I collaboratori validi, quando ci sono, (i progettisti, direttori produzione, esperto marketing) vengono tenuti in ombra ed i guadagni a nove cifre se li sognano. Soltanto nelle squadre di calcio i Maradona sono più famosi dei proprietari e degli allenatori e guadagnano giustamente più di loro.

Si faccia dare da Moretti ed altri, caro Presidente, gli stipendi dei loro più preziosi collaboratori e vedrà come stanno le cose.

Caro Presidente, vada avanti anche con le società quotate in borsa e se c'è da cambiare o fare qualche legge non esiti a farlo.

Dunque coraggio, visto che a Lei non manca. E rivolti il calzino.

La saluto con molta stima e cordialità.

Vittorio Di Iorio

P.S. Faccia la patrimoniale. E' immorale che paghiamo 80 miliardi all'anno per farci prestare i nostri soldi da chi ce li ha rubati. L'Italia non può attendere e Lei lo dice per primo. Le risorse -se non fa la patrimoniale- sono poche per poter salvare il paese. Pertanto non avendo Lei né tempo né risorse sufficienti, rischia di fare la fine di tutti coloro che hanno governato prima di Lei ed assieme a Lei anche Alfano e purtroppo anche l'Italia, finirebbe molto molto male.

Mi scusi se quasi in ogni lettera Le ripeto faccia "la patrimoniale" è colpa di Catone che mi perseguita con "Delenda Carthago".

2 Aprile 2014
5° lettera

Caro Presidente Renzi,
Le scrivo oggi per caldeggiare una lotta il cui esito positivo rafforzerebbe il PD, quindi Lei, e faciliterebbe la Sua azione a tirar fuori dalla palude l'Italia. Intendo la lotta all'astensionismo da intensificare soprattutto in queste settimane di campagna per le elezioni europee.
Io sono fermamente convinto che coloro che non vanno a votare o che volutamente esprimono il voto in maniera da fare annullare la scheda, sono da condannare alla stessa stregua degli evasori fiscali.
Secondo me, l'astensionismo è un vero crimine perché questa forma di protesta favorisce la cattiva politica in quanto gli evasori fiscali, i ladri, i corrotti, le varie caste a votare ci vanno sempre e sanno molto bene per chi votare, in special modo quelli di Berlusconi.
Non intendo negare che in ogni partito ci sono anche persone oneste che, per motivi vari, di volta in volta credono nelle stronzate che racconta Berlusconi (i comunisti, le libertà del PDL-Forza Italia, la giustizia di Berlusconi statista e innocente martire, ecc. ecc.) o qualcun altro ed oggi è il turno di Grillo-Casaleggio (il Web, uno vale uno, la democrazia, la libertà, la trasparenza ed in special modo tutte le tecniche messe in atto per individuare, eleggere e sostenere quegli aderenti alla setta che loro sperano di manovrare tutti come soldatini di piombo). Se Lei e il PD tutto, conducete bene

questa lotta all'astensionismo, che coinvolge il 50% degli aventi diritto al voto, sono certo che la stragrande maggioranza di loro voterebbero per i candidati del PD quali rappresentanti dell'unico partito del bene che grazie a Lei può salvare il nostro paese e l'Europa (come vede la modestia non ci manca).

Auguri

Termino salutandola con molta stima.

Vittorio di Iorio

P.S. Le ricordo di fare la patrimoniale (la mia Delenda Carthago)

Mi auguro che Lei possa convincere Alfano e gli altri partiti che l'appoggiano che il bene dell'Italia deve essere perseguito da tutti -non importa se di destra - centro - estrema sinistra ecc. ecc.

Nel caso del NCD, se Alfano crede che gli basta differenziarsi da Berlusconi - Forza Italia semplicemente per il fatto che sostiene il governo da Lei diretto, si sbaglia di grosso e rischia veramente tanto, ma proprio tanto perché i ladri, i corrotti, gli evasori continueranno a votare compatti per il partito del bunga-bunga e della nipote di Mubarak.

Ma Lei le mie lettere le legge? Guardi che mi costano un po' di lavoro, ma lo faccio volentieri se esse non vengono cestinate e le fornissero qualche utile suggerimento.

Auguri di nuovo

Vittorio Di Iorio

3 Aprile 2014
6° lettera

Caro Presidente Renzi,
Oggi Le scrivo di come la politica, schiava di ideologie, interessi di parte, mancanza di cultura, di valori, di visione, perde se stessa e finisce col perdere il senso della sua missione ossia affrontare e risolvere i problemi del popolo.

E' così che gli eletti anziché servire il popolo finiscono per mettersi al servizio di gruppuscoli: ideologi di destra, sinistra, centro, estrema destra, estrema sinistra, mafiosi, evasori, corrotti e caste varie.

I latini volendo evitare di dimenticare il popolo avevano aggiunto al termine Senato la parola Populusque (S.P.Q.R.) e servendo il popolo conquistarono e civilizzarono il mondo. Quando se ne dimenticarono finì come sappiamo.

Mentre l'Italia sta facendo la fine di Roma arriva, per fortuna, Lei che si ricorda del popolo (Lei lo chiama famiglie) e poiché si fida del popolo e lo sente dalla Sua parte sfida tutto e tutti e comincia a fare ciò che il popolo attende da decenni.

Il problema è sempre che non c'è la maggioranza, non la si trova nemmeno per fare quelle leggi che risolvono i problemi del popolo senza danneggiare nessuno.

Perché mentre è schiacciante nel popolo, in parlamento la maggioranza si perde: un pezzo nel PD, un pezzo nel PDL, un pezzo nel M5S, un pezzo nei mille partitini. E' così che gli eletti si perdono in chiacchiere e dispute e per il popolo non fanno niente. Per loro stessi le leggi invece le fanno senza accorgersene nemmeno, perché sono sempre tutti d'accordo e poiché fanno tanto anche per troppi delinquenti che li hanno eletti questi spesso ricambiano senza che essi eletti se ne accorgano (Scaiola).

Il guaio è che questi problemi non riguardano soltanto il nostro paese ma c'è anche chi sta peggio.

Siamo al punto che, secondo Bankitalia, in Italia il 10% delle famiglie possiede metà della ricchezza e che le famiglie ricche degli U.S.A., secondo Bloomberg, posseggono (quasi) il PIL del mondo.

Intere popolazioni muoiono di fame , di sete e di malattie varie ed i popoli, di quello che una volta era il mondo opulento, ormai regno di disoccupati o sottooccupati, o muoiono anch'essi di fame o non arrivano alla fine del mese che più o meno è la stessa cosa.

Questo stato di cose sembra non interessare e preoccupare affatto la politica che, essendo formata da eletti o autoeletti che detiene il potere per fare, diventa così il responsabile numero uno di questo sfascio planetario che vede un capitalismo sempre più impazzito e democrazie, libertà e diritti universali agonizzanti o spesso già morti e sepolti.

Poiché gli esperti di economia hanno individuato in 400 famiglie i detentori della maggior parte della ricchezza esistente sul pianeta terra, sembra che a comandare e quindi causare lo sfascio descritto sopra siano esse e che per l'Italia si siano servite fino a ieri di Berlusconi, Monti e qualche mese di Letta.

Mi auguro che Lei sappia che rischia molto e speriamo che Dio La protegga, noi del popolo possiamo fare poco.

Auguri Presidente Renzi.
La saluto come sempre con molta stima e cordialità.
Vittorio Di Iorio

4 aprile 2014
7° lettera

Caro Presidente Renzi,
Oggi Le scrivo in merito a dove e come trovare i soldi necessari per tirare l'Italia fuori dalla palude.
Non mi soffermerò su spending review, recupero evasione fiscale e rientro "capitali esiliati", ma soltanto sulle misure consistenti in nuove tasse o rivolte a prelievi di denaro da chi possiede troppo o riceve mensilmente troppo, che Lei intende implementare per aiutare chi già muore di fame o chi non riesce ad arrivare alla fine del mese, che poi è la stessa cosa.
Lo spunto a scriverle mi è stato fornito da un articolo di Piero Ostellino sul Corriere della Sera in cui attacca Lei sostenendo che Lei non cambierà l'Italia perché è come quelli che l'hanno preceduto "spendaccione e fiscale". Ce l'ha con Lei soprattutto perché Lei gli prende soldi dalla pensione con il pretesto di aiutare i poveri chiamando questa misura arbitrariamente " contributo di solidarietà" quando invece, secondo lui, la solidarietà è una sola, va chiamata elemosina o carità ed i cittadini la devono esercitare volontariamente.
Io non sono d'accordo né con Ostellino né con chi si oppone ad una seria ed incisiva patrimoniale tanto è vero che nelle mie precedenti lettere l'ho autorizzata a prelevare ciò che ritiene necessario sia dalla mia pensione che dal mio patrimonio tutto in Italia alla luce del sole.
Ma non sono d'accordo soprattutto perché ho scritto al

presidente Napolitano proponendo l'istituzione di un fondo di solidarietà e non mi è stato mai risposto. Anche il sollecito ha fatto la stessa fine, il che mi ha fatto pensare che probabilmente le lettere dei cittadini se non "segnalate e gradite" non vengono nemmeno aperte ma cestinate subito all'arrivo. Io quindi con l'elemosina e la carità ci ho provato ma non ci sono riuscito. Se Ostellino conosce strade e modalità di successo le implementi.

Non sono d'accordo con Ostellino anche perché l'Italia è in guerra e quando si è in guerra vige la pena della decimazione con la quale si colpisce colpevoli ed innocenti con l'intento unico di evitare di perdere la guerra. E poiché, chi più chi meno, noi italiani siamo tutti colpevoli di come abbiamo ridotto il nostro paese invito Ostellino a riflettere su quanto avrà forse scritto in un momento di rabbia del tipo di quelli, a volte quasi incontrollabili, di cui sono spesso vittima anche io.

Vada avanti Presidente!

La saluto cordialmente con molta stima.

Vittorio Di Iorio

Caro Presidente Renzi,

Oggi Le scrivo per darle il mio punto di vista su due temi, euro e solidarietà, che da troppo tempo sono argomento prezioso sia per i nostri politici che per quelli di molti altri paesi europei per dispute che distraggono ed impediscono la corretta messa a fuoco dei problemi e il varo di quelle misure, sia di effetto immediato che di lungo respiro, utili a tirar fuori i loro paesi dalla palude nella quale spesso li hanno sprofondati principalmente loro stessi. Trattasi di dispute che creano una tale confusione che impediscono anche alle varie istituzione europee, di operare con convinzione e determinazione alla realizzazione di quell'Europa forte e solidale che i nostri padri fondatori hanno sognato per il bene dell'Europa stessa ma anche per metterla in condizione di poter dare una mano agli ultimi del mondo.

Soprattutto quando chiamano i cittadini a votare, sia i partitini per non sparire dalla scena politica, che gli altri per prendere qualche voto in più, propongono ricette confuse e quasi tutte intrise di ignoranza e molto spesso volutamente disoneste.

In ambito nazionale le colpe per lo sfascio prodotto, a sentire loro, sono sempre tutte soltanto del nemico politico il quale, quando ha governato, o non ha fatto niente oppure quel poco che ha combinato era tutto sbagliato. Ma le responsabilità più gravi le addossano, tutti, tutte all'Europa intendendo per Europa quella della Merkel, la quale, incontrastata, spadroneggerebbe per fare soltanto gli interessi della Germania. La Germania, gridano tanti di loro, sta utilizzando le armi economiche e finanziarie e sfrutta la forza dell'euro per lo stesso obiettivo non raggiunto con le guerre ossia la conquista e l'asservimento dell'Europa. Che stronzate!

Le colpe più gravi della Merkel sarebbero quindi proprio:

- i vantaggi derivanti dall'euro;
- la mancanza di solidarietà.

Nel trattare il tema dell'euro dobbiamo ricordare che Grillo, la lega, alcuni partitini e di tanto i tanto anche Berlusconi rimpiangono la lira e quasi maledicono l'euro. Ogni tanto qualcuno di loro, essendo in mala fede, però si tradisce e si scopre che pensa e dice di voler abbandonare l'euro non perché crede veramente che esso sia la nostra rovina quale madre di tutti i nostri guai ma semplicemente per spaventare la Merkel ed indurla così ad aiutarci ma senza spiegare mai bene in cosa consistono questi due obiettivi.

Io, data la mia età, ricordo perfettamente perché eravamo felici quando abbiamo abbandonato la lira. I giovani, invece, politici e non, molti dei quali non hanno studiato abbastanza né la storia né l'economia, e quindi, anche quando fossero in buona fede, secondo me, sbagliano e diventano i primi responsabili di quei ricorsi storici che rovinano l'umanità intera.

Si spiegava allora la nostra gioia così:

- Finiremo di essere un paese ad alta inflazione-svalutazione;
- I pensionati, in special modo quelli che avranno la fortuna di vivere a lungo, non moriranno più di

stenti non trovandosi più a dover vivere con pensioni progressivamente svalutate;

- I dipendenti pubblici, privati, gli operai non dovranno più così spesso lottare e scioperare per fare aumentare i loro salari au fur et à mesure delle così frequenti e ingenti svalutazioni.

- L'Italia sarà costretta, ma felice, di uscire dal gruppo dei paesi che militano nel campionato di serie B, C, D, ecc., per giocare in serie A e vincere tutte le coppe in palio non soltanto nazionali. In verità a questo riguardo c'erano due schieramenti: quello delle imprese produttrici di servizi e beni ad alta tecnologia, di eccellente qualità di cui il mondo non può farne a meno oppure oggetto di sogno della clientela ricca (macchine utensili, banda larga, Ferrari, prodotti Ferrero, moda, vini ecc.) che non temevano l'euro ieri e tanto meno oggi e domani e l'altro costituito da imprese di ogni taglia che producevano e ancor oggi producono beni in concorrenza con quelli prodotti dai paesi in via di sviluppo definiti BR.I.C. (Brasile, India, Cina) e simili. E' ovvio che questo secondo gruppo oggi ancor più di ieri rimpianga la lira e continui ad avere bisogno di aiuti di stato per limitare fallimenti, licenziamenti e disoccupazione.

Dall'analisi soprasvolta credo si capisca chi oggi vuol ritornare alla lira e perché.

Per quanto riguarda il tema della solidarietà non si capisce che cosa può e deve fare la Merkel per l'Italia, considerando che:

- Il debito pubblico di oltre 2.000 miliardi lo abbiamo creato noi;

- Il nord Italia non vuole aiutare il sud, la lega sogna la Padania e la macro regione, il Veneto la secessione ed altri follie simili;
- Pochi ricchi italiani detengono l'intera ricchezza nazionale e per prestarci i nostri soldi, che ci hanno rubato in tanti modi, ci fanno pagare miliardi all'anno di interessi.

Se questi nostri politici ed altri che la pensano come loro vaneggiassero che la Germania ed altri paesi europei di fascia A, debbano garantire chi ci presta i soldi del debito, lo dicano apertamente così almeno sappiamo a che grado di follia sono arrivati, perché vorrebbe dire non rendersi conto che le risorse necessarie per evitare che l'Italia finisca in default, sarebbero di tale enorme entità e difficoltà di reperimento, ove si consideri che fino ad oggi si stenta perfino a trovare quelle necessarie a salvare la piccola Grecia.

Se poi volessero anche che i suddetti paesi praticassero verso di noi la solidarietà che nemmeno noi italiani sentiamo quale dovere morale verso altri nostri connazionali per lenire le sofferenze derivanti da una crisi di cui siamo noi stessi i primi responsabili, la Merkel e gli altri suoi compagni non possono fare proprio niente perché, come ha scritto recentemente un famoso giornalista italiano, l'elemosina, da definire più correttamente carità sostiene lui, da parte di persone verso altre persone, non può essere imposta dai governi.

Tutte le altre cose che può e deve fare la Merkel per la realizzazione di quella Europa sognata dai padri fondatori sono le stesse che deve fare l'Italia, con determinazione e slancio solidale verso i paesi europei più disastrati di noi, perché noi, come scritto sul palazzo della civiltà e del

lavoro dell'Eur a Roma, siamo "un popolo di poeti, di artisti, di eroi, di santi, di pensatori, di scienziati, di navigatori, di trasmigratori". O non ci crede più nessuno?!
Auguri Presidente per la Sua titanica missione.
Cordiali saluti e molta stima.
Vittorio Di Iorio

P.S. allego copia del mio messaggio al presidente Napolitano.
Approfitto per chiedere scusa alla signorina della Sua segreteria alla quale, per telefono, ho fatto perdere qualche minuto di tempo per presentarmi e per chiedere da chi vengono lette le mie lettere per deciderne il destino.

Caro Presidente Renzi,

Lei ha detto più volte che vuole dare la cittadinanza ai figli degli immigrati ed io sono pienamente d'accordo con Lei per tanti motivi ma mi limito a soffermarmi su due.

Il primo è legato alle mie origini. Sono nipote di un wap (acronimo per whitout a paper o whitout a passport), un sannita-irpino, emigrato negli Stati Uniti intorno al 1915 che per non essere rispedito in Italia, fece ciò che oggi fanno in Italia quelli che non muoiono nel canale di Sicilia. Poiché io stesso, come può desumere dal mio allegato curriculum, sono stato tutta la vita un emigrante ciò mi ha messo in condizione di vivere alcune condizioni e problemi con i quali sono costretti a confrontarsi gli emigranti di oggi nonché intuire gli stenti e le sofferenze di mio nonno costretto a dormire in una baracca di legno e cibandosi, attingendo da due sacchi di iuta, di fagioli e farina.

Il secondo motivo è legato non soltanto alla mia formazione, alla mia etica e alla mia umanità ma anche al mio profondo convincimento che un razzista, non importa se è tale perché si sente superiore all'altro come razza o diverso dall'altro per cultura, è pur sempre uno stupido ignorante perché va contro la storia ma anche un malvagio ateo perché la vicenda emigrativa è un disegno di quel Dio, unico per tutti, soltanto chiamato con molti nomi.

Mentre alcuni esseri loschi della lega sono razzisti in

maniera manifesta è più rozza possibile, che non si può giustificare in alcun modo con l'esigenza di dover, essi, evitare la sparizione del loro partitino dalla scena politica, un noto giornalista italiano in alcuni articoli apparsi sul Corriere della Sera si scaglia con brutalità contro la Kyenge e per evitare di passare per razzista puro e non essere quindi accomunato a quelli della lega, nasconde il razzismo biologico-genetico -come Lei sa gli esperti lo definiscono eterorazzizzazione- e si diletta a sguazzare nel razzismo culturale definito, sempre dagli esperti, autorazzizzazione. Non soltanto non vuole integrare i figli degli emigrati ma, se potesse, nei paesi scoperti dall'ottobre del 1492 ed in tutti gli altri popolati, secondo lui, in maniera confusa e disordinata - in quanto a razze ed etnie varie - farebbe piazza pulita di tutto e li ripopolerebbe in maniera rigorosa e precisa per evitare qualsiasi problema di integrazione ed assicurare così una pacifica ed armoniosa esistenza a tutti. Se io ne avessi mai l'occasione gli chiederei se Obama resterebbe dov'è ora e dove metterebbe i bianchi che quel gigante della storia chiamato Mandela si è ostinato a condannarli a convivere con gli zulu.

Il mio augurio caro Presidente è che Lei vinca anche questa battaglia per la quale troverà in parlamento tante, tantissime difficoltà perché, come sempre, la maggioranza su questi temi e tanti altri esiste sempre e soltanto nel paese reale, quello che Lei chiama "famiglie".

Il popolo italiano, caro Presidente, nella sua stragrande maggioranza pensa che il razzismo biologico - genetico è una follia che spera cancellata definitivamente dalla storia dell'umanità con la morte del nazifascismo e di quel pazzo di Hitler visto che o siamo tutti figli di Adamo ed Eva o

siamo tutti l'evoluzione delle scimmie. In merito a quello culturale pensa che esso è stato creato dagli uomini (mal nutrizione, lingua e religioni diverse, sottosviluppo, mancanza di scuole e cultura, mancanza di solidarietà, ecc.) che hanno il dovere etico morale
di combattere eliminandone, per quanto possibile, le cause.
Cordiali saluti e molta stima da chi La importuna così tanto e così spesso.
Vittorio Di Iorio

Caro Presidente Renzi,

Questa mattina le scrivo in merito al dibattito sulle riforme istituzionali al quale stanno dando ultimamente un sublime contributo i "Civati" schierati con Grillo, Casaleggio, Rodotà e suoi amici per sabotarla, come hanno sempre fatto le vecchie volpi e spesso anche le pulci del suo partito.

Non voglio partecipare al dibattito in questione per non farle perdere tempo e rischiare di aggiungere altra confusione ma semplicemente chiedere e non certo a Lei:

- Se i "Civati" si ricordano l'atteggiamento del M5S nell'incontro con Bersani e di Grillo con Lei;
- Se i "Civati" si ricordano il rifiuto sprezzante ed offensivo del M5S e di Grillo - Casaleggio a governare assieme al PD per salvare l'Italia;
- Se i "Civati" si ricordano che detto rifiuto ha costretto il Presidente Napolitano ed il PD a "mangiare la minestra Berlusconi" in alternativa a "buttarsi dalla finestra";
- Se i "Civati" si ricordano che, rebus sic stantibus, le riforme, il PD - Napolitano o le faceva con Berlusconi oppure niente.

Visto che i "Civati" non possono non ricordarsi quanto sopra esposto chiedo che spieghino a cosa serve schierarsi con Grillo - Casaleggio, Rodotà ed amici nel proporre e difendere modifiche, per di più molto opinabili, che dette riforme devono avere per essere perfette, visto che nessuno sarebbe comunque in grado di garantirne l'approvazione in Parlamento e le conseguenze sarebbero un tuffo dall'ultimo piano del grattacielo Burj Khalifa e quindi lasciare l'Italia nella palude.

In merito alla richiesta di dare nella nuova legge la possibilità agli elettori di scegliere i propri rappresentanti, la mia età mi impone di ricordare ai Civati, Grillo - Casaleggio, Rodotà e compagni, che, quando ciò era consentito, mediante giochi e manovre preelettorali da parte dei partiti sul territorio finivano con l'essere eletti troppi ladri, corrotti e mafiosi, addossando la colpa sempre e soltanto al popolo.

Senza volermi schierare, chiedo se oggi si può essere certi che il piccolo povero contadino, il piccolo artigiano, la gente senza parte né arte e quelli che vivono con il sostegno delle varie mafie, conoscano i candidati meglio dei partiti. Di certo c'è però che potremmo dare nuovamente la colpa al popolo a conferma che tirare il nostro paese fuori dalla palude interessa soltanto a Lei, caro Presidente e pochi altri.

Vada avanti Presidente.

Cordiali saluti e molta stima

Vittorio Di Iorio

Caro Presidente Renzi,

Oggi desidero dilettarla con alcune mie considerazioni su quei buffoni della Lega.

Da tutti i sondaggi emerge che a volere la secessione sia a stento l'1% degli italiani.

Per farla breve, quando si comincia a esaminare su quali slogan la Lega ha costruito al Nord le sue fortune politiche ci troviamo di fronte a scemenze e buffonate che fanno ridere non soltanto quasi tutti gli italiani ma anche il mondo intero.

Ma ditemi chi non ride a sentirli parlare di Padania, di ricorso ai fucili, a vederli celebrare i loro riti alle sorgenti del Po, a sentirli sostenere che i loro politici sono tutti onesti, seri e capaci soltanto perché sono padani, considerando poi che non esistono mezzi scientifici che possano consentire loro di selezionare i loro quadri in base al DNA senza errore alcuno.

Tutto nasce dal fatto che questi padani costituenti il nocciolo duro della Lega, sin dalla nascita, anziché studiare bene la storia d'Italia e del mondo pensano solo a come fare soldi e dedicano il loro tempo e le loro energie a prepararsi per diventare bravi tecnici, idraulici, meccanici, in una parola padroncini.

Basta vedere quante stupidaggini e inesattezze contengono i loro discorsi relativi al tricolore, o la sbagliata interpretazione che danno dell'inno di Mameli con l'Italia schiava di Roma anziché la vittoria, tanto per citarne solo alcune.

Considerando poi che lavorando così tanto sono tra i più ricchi d'Europa, confondono la ricchezza con la cultura e si sono montati talmente la testa che se non hanno la sfrontataggine di definirsi razza eletta è semplicemente per non essere accomunati al Mefistofele nazista e ai suoi amici.

Ci vorrà del tempo ma siate certi che un giorno la popolazione padana capirà e anziché ridere, come facciamo noi, gliela farà pagare perché tutte le buffonate di cui sopra sono un'imperdonabile offesa a ogni individuo dotato di un minimo di cultura, senso critico, dignità, onorabilità e rispetto dell'intelligenza umana.

Visto che si sostiene che la facoltà di ragionare è una qualità che appartiene soltanto all'uomo essa finirà con il prevalere anche nelle menti del grande e lavoratore popolo padano, è solo questione di tempo!

Quello della Lega è il classico esempio di come su qualche buona idea - almeno così si spera si possa rivelare quella del federalismo - e tante bugie si possa costruire una forza politica.

In un momento storico in cui la Germania, pur di ritornare a essere una, sostiene assieme al resto d'Europa un costo economico enorme e il mondo comincia a prendere coscienza che ci troviamo tutti sulla stessa barca e l'unico modo per salvarci è puntare sulla solidarietà, la Lega va contro la storia promettendo, pensate, di liberare i ricchi dallo sfruttamento e dalla schiavitù dei poveri! «Padania libera» è lo slogan.

La fortuna nostra è di avere una sola lingua, una sola fede religiosa predominante, un colore unico della pelle, un'unica comune grande storia alle spalle e che quindi questi imbroglioni della Lega non hanno trovato, come si dice, "trippa per gatti" e possiamo continuare a ridere di tutti i loro patetici atti e discorsi, altrimenti avremmo potuto correre il rischio di piangere tutti e non poco.

Si pensi ai compromessi ai quali è costretto chi si trova a dover governare assieme a queste formazioni politiche.

Sono compromessi che quasi sempre danneggiano l'immagine e l'azione del governo stesso, offendono il sentimento comune del popolo e danno al mondo un'immagine negativa e non reale del paese. Sono compromessi che non esaltano affatto l'essenza e lo spirito della democrazia in quanto non sono a favore di categorie sociali ma mirano esclusivamente ad assicurarsi il voto di quell'esigua percentuale di elettori che credono ai loro discorsi che non hanno senso, che mancano di respiro storico e sono senza futuro.

Ma il pericolo di queste formazioni politiche è potenzialmente incalcolabile perché studiando la storia dell'umanità si constata che proprio partendo da esse, ossia dai loro discorsi, comportamenti, azioni e leggi spesso si finisce molto male e nel secolo scorso si è finiti addirittura ad Auschwitz.

Ultimamente non vogliono l'euro, che protegge il salario dei lavoratori e dei pensionati, ma tornare alla lira per mettere di nuovo in condizione gli industriali di bassa lega di far concorrenza ai paesi poveri con prodotti poveri e di zero valore aggiunto, tornare così a fare utili da dirottare nei paradisi fiscali sfruttando i lavoratori e gli impiegati statali che sono prevalentemente meridionali e per la Padania sono stranieri come gli immigrati ….

Le auguro tanta fortuna per la realizzazione del suo

programma e la saluto con molta cordialità e molta stima
Vittorio Di Iorio

13 Aprile 2014
13° Lettera

Caro Presidente Renzi,
Oggi desidero richiamare la Sua attenzione sugli sfruttati
di sempre in special modo quelli che nella mia regione
chiamano i cafoni.
Uso il baratto come sistema di scambio, per rendere
l'esempio più comprensibile in tutta la sua folle e ingiusta
portata.
Un imprenditore agricolo vuole festeggiare la laurea
conseguita dal figlio quindi prenota un locale per una
serata e invita una trentina di persone tra figli, amici,
nipoti e parenti vari. Un pasto completo, un po' di musica
e qualche bottiglia di spumante e l'impresa del giovane è
così degnamente celebrata.
Il giorno dopo, il contadino va dal ristoratore per prendere
accordi di quanto grano deve portare in pagamento, perché
l'accordo era il baratto con questa derrata.
Il conto è di circa 125 euro a persona che, con le mance ai
camerieri, comporta una spesa totale di euro 4.000.
Il contadino si rende conto che per saldare il conto deve
chiamare un trasportatore che disponga di un automezzo
con rimorchio il cui costo fa salire la spesa a circa 4.500
euro. Realizza quindi che, per questa festicciola, dovrà
portare in pagamento ben 300 quintali di grano ossia ben
300 sacchi ognuno contenente 100 chili di grano!
Le riflessioni e i commenti li lascio a chi legge.
Se avesse voluto pagare con arance, uva, olio d'oliva,

fagioli o lenticchie, latte o animali da macello, la sperequazione avrebbe avuto la stessa portata.

Lo sfruttamento del lavoro agricolo è di una tale entità che può essere definito, senza ombra di dubbio, scandaloso e immorale.

L'affitto, l'assicurazione per l'auto, l'elettricità, il gas, la benzina, tutti i prodotti industriali e perfino la tassa raccolta rifiuti sono tutte voci di spesa che non offrono alcun margine di discussione e trattativa per chi deve pagare e rispettano tutte una logica di costi-ricavi-profitto.

Quando invece si arriva ai prodotti agricoli, il loro livello di prezzo non paga nemmeno le ore necessarie al solo raccolto.

Se avete dei dubbi andate in campagna a verificare personalmente il tempo e la fatica necessari per raccogliere un chilo di fragole, di ciliege, di patate o di arance.

Tutti i miei calcoli mi portano a poter asserire che molti contadini in Europa guadagnano non più di qualche euro l'ora.

Per l'olio d'oliva i miei calcoli sono precisi e posso fornirli all'esame di chiunque volesse verificarli o li mettesse in dubbio.

L'olio che produco nel mio terreno, pagando - con una tariffa che è inferiore a quella di un operaio metalmeccanico - le persone che di volta in volta eseguono i lavori di aratura, potatura, trattamento contro la mosca olearia, raccolto e frantoio, mi viene a costare circa 15 euro a chilogrammo.

È questo un calcolo che si complica ulteriormente se si introducono alcuni elementi per i quali non è semplice determinare la portata quali, ad esempio, lo scarso raccolto negli anni in cui le piante vengono potate oppure mutilate da eventi quali tempeste e abbondanti nevicate e lo scarso raccolto dovuto ad altre avverse condizione atmosferiche.

Quest'olio d'oliva, che costa almeno 15 euro per litro, viene venduto, quando viene venduto, mediamente a 3 euro al litro.

Ognuno può pertanto calcolare quanto guadagnano oggi intere famiglie che lavorano in agricoltura 24 ore al giorno.

Mutatis mutandis, la situazione, mi dicono gli esperti, è la stessa per tutti gli altri prodotti quali cereali, carne, latte, arance ecc.

Non riesco a comprendere come mai questi cosiddetti operatori agricoli, un tempo chiamati "cafoni" ma che oggi sono spesso diplomati e laureati tollerino una simile ingiustizia.

Tollerano perfino di essere definiti razzisti e sfruttatori quando pagano i lavoratori extracomunitari con una tariffa che è almeno il doppio di quanto guadagnano loro stessi.

Cordiali saluti.

Vittorio D Iorio

Caro Presidente Renzi,

Lei è partito dalla scuola alla quale io ero destinato ma poi mi sono perso a vendere trattori e macchine agricole.

Oggi mi piace inviarle in lettura le mie riflessioni sull'importanza della scuola, il sapere, la ricerca, ecc.

Si può essere ricchi e ignoranti perché uno la ricchezza può anche ereditarla o ci si può alzare un mattino e scoprire che si dorme su un mare di petrolio, ma non è mai possibile avere assieme ignoranza e democrazia, ignoranza e libertà, ignoranza e parità di diritti tra uomo e donna e tra ricco e povero e nemmeno ignoranza assieme a ricchezza duratura perché quella del petrolio con il tempo si esaurisce mentre l'unica che può essere garantita per sempre è quella che si produce ogni giorno con il sapere e il lavoro.

Si può quindi affermare che il sapere è tutto, il sapere è vita.

Se un giorno, per una qualsiasi causa, si dovesse perdere ogni libro, ogni fonte, ogni documento contenenti il livello di conoscenza raggiunta, l'umanità probabilmente scomparirebbe non essendo forse nemmeno più capace di ripartire dall'età della pietra.

Ogni generazione, attraverso lo studio di ogni singola disciplina e attività, percorre un primo pezzo di strada che consiste nell'apprendere il livello di conoscenza raggiunto dalle generazioni precedenti e poi cerca di approfondire e spostare questo livello di sapere il più avanti possibile.

I Nobel assegnati ogni anno premiano coloro che hanno conseguito i più significativi risultati in questa avvincente ma faticosa avventura umana.

Tutti coloro che non svolgono bene il proprio mestiere quasi sempre non hanno studiato e imparato bene nemmeno il livello di sapere già esistente. E non danno quindi alcun contributo al miglioramento e avanzamento della realtà in cui vivono, anzi, se dipendesse soltanto da loro la società farebbe un passo indietro anziché avanti.

Se un popolo studia ed è preparato ad affrontare le sfide di oggi e di domani costruisce un Paese evoluto, sviluppato, moderno. Nel caso opposto, invece, rimane a un livello di sottosviluppo. Quando è a metà strada si dice che è in via di sviluppo.

Poiché l'Italia appartiene al primo tipo, noi italiani abbiamo il dovere di aiutare l'umanità, cioè gli altri popoli, a progredire nell'arte, nella scienza, nella lotta alla fame, alle malattie, all'ignoranza e nella difesa della libertà e degli altri diritti fondamentali dell'uomo che sono quelli della carta dell'ONU.

Ma per rimanere tra le nazioni evolute bisogna continuare a studiare e a lavorare, altrimenti si finisce come quelle squadre di calcio che dalla serie A finiscono in B e poi a volte anche in C.

Studiando la storia abbiamo infatti incontrato paesi che una volta erano ai primi posti e oggi sono sottosviluppati perché se andare avanti è molto difficile, ad andare indietro si fa in fretta.

Steve Jobs l'ha chiamata Apple e vale in borsa circa 600 miliardi di dollari pari a 6 miliardi di barili di petrolio!

Vittorio Di Iorio

Caro Presidente Renzi,

Oggi mi fa piacere farle perdere tempo, illudendomi che Lei mi legga, con le mie riflessioni sui mezzi di comunicazioni nati dopo Marconi ed altri geni, prendendo a simbolo la televisione.

C'era una volta il cronista e i tanti Marco Polo che raccontavano i fatti e la realtà nella quale si imbattevano attraverso i libri, i giornali e poi la radio, anche se non sempre in maniera esaustiva, puntuale e obiettiva.

Poi un bel giorno irruppe sulla scena la televisione che ormai fornisce quotidianamente una rappresentazione del mondo intero, delle sue ingiustizie, dei privilegi di molti e delle sofferenze, malattie, fame e morti di tanti altri.

Alcune immagini mi sembra possano aiutare a comprendere come questo mezzo, che continuamente riversa la vita di tutti nelle case di tutti, stia svolgendo un ruolo talmente rivoluzionario, in quanto a dimensione e velocità dell'informazione, da risultare di potenza pari alla somma di tutti i Napoleoni e le rivoluzioni francesi di tutti i tempi e di tutti i Paesi messi assieme.

Si è insomma passati nell'informazione, in brevissimo tempo, dalla polvere da sparo alla bomba atomica.

Pensate all'immagine che del nostro mondo ricco fornisce l'elegante signora che serve al suo gatto persiano prelibate e costose scatolette di salmone. E pensate che questa immagine viene raccolta nel mondo povero dalle mamme che vivono l'agonia dei loro bambini che stanno morendo di fame e di malattie connesse alla mancanza di cibo!

Oppure ad altre immagini che, del nostro mondo libero, mostrano cortei di protesta di rivoltosi che assaltano la vettura nella quale siedono Carlo e Camilla, oppure ritraggono parlamenti nei quali l'opposizione può dire e dice tutto quello che vuole contro il governo. E queste immagini vengono raccolte, nell'altro mondo, da individui che non possono neanche nominare e a volte addirittura osare di rivolgere lo sguardo verso i loro tiranni.

I popoli che assistono al pranzo del gatto, siatene certi, tenteranno di venire tutti da noi, almeno fino a quando non saranno state realizzate nei loro paesi condizioni minime di vita. Loro verranno, noi riporteremo indietro quelli che potremo, ma altri ne arriveranno e a vincere questa sfida, alla fine, saranno loro.

Poi ci sono i popoli retti dai nababbi che hanno sognato di comperare le menti dei loro sudditi e addormentarne le coscienze elargendo loro, con i petroldollari, pane e partite di calcio. Trattano le persone come bestie ma queste persone prima o poi travolgeranno i loro tiranni e quelli che si dovessero illudere di poterli rimpiazzare e cominceranno così a scrivere la loro storia per la conquista della libertà, della democrazia e dell'uguaglianza.

Che bello sarebbe un monumento alla televisione nella città sede dell'ONU a braccetto con la Statua della Libertà!

Evviva l'ingegner John Logie Baird!

Auguri per la Sua azione

Cordiali saluti e tanta stima

Vittorio Di Iorio

16 Aprile 2014
16° Lettera

Caro Presidente Renzi,
Quando le libertà individuali degenerano, esse hanno un costo enorme per le vittime e per la società perché lo Stato è sempre chiamato in causa tramite le sue istituzioni ed enti vari.
Oggi Le offro in lettura le mie riflessioni sul fumo, sull'obesità, sulla guida spericolata (più di 3.500 morti all'anno oltre ad un numero impressionante di handicappati) e sulle cause delle separazioni e divorzi, drammi e tragedie che troppo spesso coinvolgono anche i figli.

Fumo e obesità
Se uno fuma e si ammala e gli viene prima la bronchite cronica e poi l'ictus o l'infarto in primo luogo causa un grosso danno a sé stesso e alla sua famiglia e poi consuma così tante medicine e fa così tanto ricorso alle strutture comuni, che alla fine si finisce con il costringere lo Stato a impiegare le poche risorse disponibili tutte nella sanità.
In Molise, ma è solo un esempio perché il discorso vale anche per tutti i ciccioni del mondo, c'è il maggior numero di obesi d'Italia, ed è una malattia che si contrae già nel ventre della mamma. Poi, verso i 13-14 anni ha una sua fase di regressione, perché quella è l'età dei corteggiamenti e delle conquiste amorose, ma appena ci si sposa riesplode raggiungendo vette da primato del mondo.

Mi chiedo se qualcuno abbia mai accertato non le malattie che l'obesità comporta, cosa che hanno già fatto bene i medici, ma quali costi siano a esse connessi.

Bisogna aumentare gli sforzi diretti a creare una diversa attitudine e un diverso comportamento verso queste libertà individuali, a partire dalle famiglie, e coinvolgendo tutte le istituzioni che possono dare un contributo a come si può e si deve difendere la salute e la vita.

Non necessariamente si deve diventare ciccioni alla mensa dell'asilo, delle scuole o delle fabbriche e molto di più va fatto per prevenire e reprimere gli abusi di alcol e droghe varie nei luoghi di divertimento.

La nostra deve essere una nuova e diversa cultura e si dovrebbe anche fare ricorso alla sperimentazione di attestati o premi, ad esempio al giovane più virtuoso, alla famiglia più responsabile, alla scuola più all'avanguardia.

Non si badi alla spesa perché il costo risulterà sempre inferiore a quello attuale, che è destinato a crescere sempre di più se non facciamo niente.

Infine, tenendo presente che i tumori cominciano ad apparire a una certa età, sarebbe bene imporre, come si fa con certe vaccinazioni, determinati esami di prevenzione, a meno che lo Stato per risparmiare nella spesa pensionistica non voglia decidere che è meglio farli morire quanto prima i suoi figli.

Festina lente, per arrivare

Al volante ci riteniamo tutti degli Schumacher ma alla fine in molti ci ritroviamo a essere causa di incidenti e purtroppo spesso di tragedie.

Se su una qualsiasi strada di un paese ordinato, come ad esempio gli USA, dove io ho fatto la mia amara esperienza, superi il limite di velocità consentita o commetti qualsiasi altra grave infrazione al codice della strada, in pochi minuti arrivano le sirene assordanti della polizia che ti fa subito pagare il conto e tu da quel momento ti metti a viaggiare come se accompagnassi al cimitero qualche tuo amico passato a miglior vita o stessi sostenendo l'esame per conseguire la patente di guida.

Nella nostra amata Italia questo non è possibile semplicemente perché, mentre in quei paesi ordinati il fenomeno è ristretto a poche persone, da noi potresti soltanto multare qualcuno che invece il codice lo rispetta, perché al volante in molti abbiamo un comportamento irresponsabile.

Ho vissuto a lungo in alcune regioni della nostra cara Penisola e ho viaggiato molto in altre e ho dovuto constatare che la malattia è sempre la stessa, e così pure il grado della temperatura, da forte e irrefrenabile delirio.

Se gli automobilisti provenienti dal senso opposto segnalano che più in là ti aspetta una pattuglia di poliziotti, tutti ci diamo una regolata e procediamo in preciso e rispettoso ordine e non azzardiamo un sorpasso nemmeno dove si può, anche se stiamo viaggiando a metà della velocità consentita. Appena superata di pochi metri la pattuglia in agguato, diamo un'accelerata alla macchina con tale enfasi che il motore non sa se morire soffocato o scoppiare, così tanto ci siamo innervositi per il tempo che siamo stati obbligati a perdere. Tutti assieme nello stesso istante, riempiendo tutte le corsie di destra e di sinistra, superiamo quell'unica macchina di quella razza in estinzione il cui occupante è già fortunato se la cava soltanto con un forte spavento, punizione inadeguata visto che, anziché starsene a casa, è qui a voler distribuire virtù civiche e a ostacolare questo impeto folle verso la morte o verso tante sedie a rotelle.

Avendo questo mal costume dimensioni di massa è molto difficile reprimerlo con le misure già in atto.

In quanto a poliziotti e vigili urbani ce ne vorrebbe uno per ogni guidatore e ciò non è certo possibile anche se penso che questo eventuale esercito di uomini non farebbe fatica alcuna a comminare almeno una multa al giorno e guadagnarsi così la giornata.

Il costo in vite umane e in mutilazioni più o meno gravi, che vanno dal coma irreversibile alla perdita degli arti, e quello economico che ne deriva è di proporzioni talmente alte e mostruose da richiedere di intervenire con misure più efficaci e il cui investimento verrebbe credo ampiamente coperto già da un modesto contenimento di questa immane quotidiana tragedia.

In attesa che attraverso quel famoso processo educativo lento e faticoso si arrivi a conseguire quei livelli di civiltà necessari a riportare entro dimensioni fisiologiche la portata di questa immane ecatombe, sarebbe opportuno che le società di assicurazione creino un fondo, se necessario anche con il contributo dello Stato, che premi l'automobilista per ogni 5 anni di guida senza incidenti con un anno gratuito di assicurazione vita, furto, incendio ecc. Il fondo dovrebbe essere centralizzato e unico in maniera che ogni automobilista possa cambiare società assicurativa a suo piacimento senza perdere il diritto a questo premio.

Imparare a vivere assieme
«Conosci te stesso» dicevano i filosofi greci e lo scrivevano quando erano già avanti negli anni a conferma

che quest'impresa dura tutta la vita perché noi non siamo mai gli stessi di prima. Ci cambiano lo studio, il lavoro, le esperienze della vita e, tanto, le sofferenze e le malattie.

Un giorno due si incontrano, non di rado scambiano l'attrazione fisica per amore puro e se anche litigano spesso non si preoccupano granché, anche perché qualcuno ha messo loro in testa che l'amore non è bello se non è litigarello.

Che uno sia un uomo e l'altra una donna questo lo sanno entrambi, anche se qualche volta questa distinzione risulta agli altri difficile perché ormai i pantaloni li portano tutti e due e così pure gli orecchini e i capelli lunghi e biondi. Spesso però non li sfiora il minimo sospetto che il mondo dell'uomo e quello della donna sono due distinti universi, entrambi complessi e misteriosi.

L'uno non conosce quasi niente del corpo e dell'anima dell'altra, di che cosa si scatena in lei quando vive il ciclo mestruale, la gravidanza, la menopausa, una grave malattia e così via.

Lei anche conosce poco o niente dell'universo dell'uomo. Intanto, la menopausa ce l'ha anche lui, la chiamano soltanto in modo diverso, andropausa.

Poi sono tutti convinti che lui è superficiale e i figli li ama poco o niente perché mica li partorisce lui!

Dovrebbe possedere tutte quelle qualità che, più a torto che a ragione, gli vengono attribuite dalla notte dei tempi, invece è fragile anziché forte e possente e spesso a letto fa anche cilecca e si vede perché l'orgasmo mica lo può fingere...

Quando decidono di vivere assieme una vita di coppia, ognuno è portatore di tanti problemi veri e tanti fantasmi che nemmeno loro conoscono bene.

Ed è così che si trovano ad affrontare problemi e difficoltà assimilabili a quelli di chi si trova a dover guidare una macchina potente e sofisticata in mezzo a un traffico caotico, anche perché vogliono guidare la macchina in due in quanto lei giustamente non soltanto ha gli stessi diritti ma avanza anche un sacco di crediti che ha ereditato da sua mamma, da sua nonna e da tutte le altre donne che nei secoli passati hanno contribuito alla sopravvivenza della sua stirpe, quasi sempre senza nemmeno poter parlare.

Di difficoltà ne incontrano a volte veramente tante e non sempre sanno se accelerare, girare a destra o a manca, tornare indietro, fermarsi per un po' per far raffreddare il motore. E spesso, sono in tale disaccordo che mentre uno frena l'altro accelera, uno sterza a destra e l'altro a sinistra e spesso hanno pure qualche incidente e danno la colpa sempre e soltanto agli altri. Non di rado finiscono anche fuori strada e non sempre la macchina si può riparare e allora arriva la fine perché la devono rottamare...

Se poi arrivano dei figli la vita di coppia non solo si anima ma si complica anche, come non mai, perché ai problemi che già c'erano se ne aggiungono altri, di natura totalmente diversa e questi due individui, che un giorno nelle loro rispettive famiglie erano dei passeggeri esigenti e critici, scoprono che guidare questa macchina sta ora diventando un'impresa veramente difficile.

Si crea così la famiglia, che è la prima e più importante forma di aggregazione. Sono infatti le singole famiglie che intrecciandosi tra di loro hanno dato origine alle tribù, alle nazioni e all'intera comunità mondiale.

Alla famiglia viene pertanto richiesto, giustamente, un contributo di primaria importanza al processo educativo di questi figli chiamati poi a diventare a pieno titolo parte integrante e attiva della comunità umana.

La coppia ha quindi non solo la responsabilità di assicurare ai figli i mezzi materiali necessari alla vita, ma anche l'educazione scolastica e di trasmettere loro tutti quei valori che sono alla base di una qualsiasi comunità umana che aspiri alla libertà, al benessere fisico e spirituale, alla fratellanza e all'uguaglianza.

Il compito al quale è chiamata la famiglia, già di per sé non facile, è reso ancor più complicato dalla realtà sociale esterna alla coppia.

Il processo di elevazione sociale di ogni comunità è lungo, faticoso e travagliato.

E lo diventa ancor più quando alla testa del plotone anziché esserci delle figure da additare ad esempio da imitare, ci sono così tanti mafiosi, ladri, truffatori e faccendieri.

I giovani si trovano a vivere in una società nella quale i comportamenti di tante persone che contano sono spesso in contrasto con i valori che la famiglia si sforza di inculcare loro.

A queste difficoltà che provengono dall'esterno spesso si aggiungono quelle che sono all'interno della famiglia stessa.

Prescindendo dalle coppie di drogati, mafiosi, delinquenti, pervertiti, di gente immorale che è già un miracolo se non trasferiscono ai figli le loro tare, i loro vizi, le loro perversioni, i loro comportamenti delinquenziali, spesso anche all'interno di coppie normali non c'è unicità d'intenti circa l'educazione da dare ai propri figli.

I figli per ottenere sempre di più sono poi veri maestri nel sostenere che i loro compagni sono più fortunati, che hanno una paghetta migliore, che sono coperti di griffe, che escono più volte nel corso della settimana e rincasano tutti all'alba.

La famiglia non riesce a darsi delle regole o non riesce a farle rispettare, che poi è la stessa cosa.

Una volta le regole non apprese in famiglia si scoprivano durante il periodo di leva; oggi spesso succede solo quando si entra nel mondo del lavoro, perché senza regole non si va da nessuna parte, e queste prima o poi arrivano per tutti.

Un numero sempre più crescente di separazioni e divorzi è la dimostrazione concreta, ammesso che ce ne sia bisogno, di quanto sia difficile vivere insieme un progetto di vita.

Esaminando i dati scopriamo che la realtà è ancora peggiore perché una grande quantità di casi sfugge alle statistiche, trattandosi di unioni che si fanno e si disfano senza certificazione.

Non ci sono dubbi sul fatto che l'indipendenza economica conseguita dalla donna con il lavoro e la legge sul divorzio abbiano contribuito non poco alla crescita di questo fenomeno che tuttavia rappresenta spesso un evento liberatorio per due persone che non hanno più alcuna valida ragione, né per sé stessi né per i figli, per restare insieme.

Nelle separazioni prima, e nelle cause di divorzio poi, gli avvocati sono maestri nel confezionare storie di corna e di violenze, e nella quasi totalità dei casi è l'uomo la parte destinata a soccombere sia sul piano degli affetti sia dal punto di vista economico.

Di conseguenza, nelle aule dei tribunali i figli vengono quasi sempre affidati alla mamma perché si ritiene, a torto, che i figli siano della madre perché li ha partoriti e, per la stessa ragione, sarebbe la mamma quella che li ama di più e che se ne può occupare meglio.

Tutte le indagini e tutte le statistiche vedono all'ultimo posto il tradimento come causa della fine di un'unione.

Alla separazione si arriva dopo un lungo percorso di sofferenze alimentato da incomprensioni e progressiva distruzione di ogni legame non solo affettivo ma, cosa più devastante, di stima e di rispetto, valori di cui non può farne a meno qualsiasi rapporto umano.

Non di rado è anche il tipo di educazione da dare ai figli che vede schierata la coppia su due fronti contrapposti. Si comincia a litigare, il secondo litigio non è mai come il primo e così accade anche con il terzo e per gli altri che seguono. È un'escalation che i due coniugi sanno utilizzare con un'arte e un cinismo unici e che li vede gareggiare nel mettere assieme accuse vere e altre false con l'unico intento di umiliare e offendere sempre di più e meglio l'altro.

E giacché le parole sono pietre e le ferite che lasciano sono indelebili, perché toccano l'anima, quasi sempre ci si avvicina progressivamente al baratro e ci si finisce dentro.

Viviamo in un mondo che tende a specializzare non solo i mestieri, ma qualsiasi lavoro. Non c'è oggi alcuna attività umana che non passi attraverso una fase di apprendistato. Si impara tutto, anche a lavarsi i denti, a cucinare, a pulire i pavimenti e a fare la pipì. L'unica cosa che non si insegna è come fare per contenere questa immane tragedia delle separazioni e dei divorzi che sono un vero cancro della convivenza umana, in special modo quando coinvolgono anche i figli.

È venuto il momento di potenziare qualsiasi iniziativa o istituzione mirante a preparare la coppia a questo difficile compito.

Prevedere un attestato di idoneità al matrimonio e alla famiglia, forse non obbligatorio, quale dote da poter portare con sé ed esibire.

Le separazioni ricomponibili sono spesso quelle che hanno come unica causa e protagonista una sbandata, una cosiddetta "storia di sesso"; quelle invece che hanno portato a distruggere il rispetto, la fiducia e ferito l'anima, sono purtroppo spesso irreversibili.

I divorziati, assieme agli educatori e agli psicologi, possono senz'altro dare il loro contributo in quest'opera meritoria mirante ad aiutare la coppia ad evitare il più possibile dette amare esperienze e di finire nel baratro.

Vittorio Di Iorio

17Aprile 2014
17° Lettera

Caro Presidente Renzi,
Oggi desidero inviarle in lettura due mie memorie relative
ad un tempo in cui Lei non era ancora nato:

- Cosa succedeva negli anni '60 nello stabilimento
  Fiat di Mirafiori;
- Oltre Cortina prima del crollo del muro

Un ricordo da crumiro
Vendere i prodotti Fiat in giro per il mondo non era facile
e i nostri concessionari facevano ricorso a vari espedienti
tra i quali anche cercare di catturare i potenziali clienti
offrendo loro un viaggio a Torino per ammirare non tanto
le molte bellezze della città, ma soprattutto la fabbrica di
automobili di Mirafiori che produceva le vetture alle quali
sembrava fossero interessati. Se poi di Fiat avessero
acquistato un trattore oppure un camion sarebbe stato
davvero un grosso successo di marketing.
L'intera famiglia Fiat era molto orgogliosa di questa
fabbrica dotata di linee di montaggio e automazione
all'avanguardia per i tempi.
Coloro che non avevano familiarità con i processi
industriali, ed era la quasi totalità dei visitatori, erano
convinti di andare a vedere l'ottava meraviglia del mondo,
qualcosa cioè di molto simile a un impianto che facesse
veramente tutto da solo e con gli addetti delegati a
schiacciare semplicemente dei bottoni.

Di tanto in tanto, in quegli anni Sessanta, nel periodo in cui ero a Mirafiori in qualità di traduttore, mi capitava di essere chiamato a fare da Cicerone ai visitatori per il fatto che conoscevo le lingue. A volte ero costretto a inventare delle storie perché dovevo limitare il giro in pullman alla visita della sola città, che per fortuna aveva così tanto da mostrare. Non potevo certo confessare che in fabbrica quel giorno c'era la rivolta!

Già quando la situazione sembrava tranquilla e il giro veniva autorizzato, credo che i visitatori avessero la stessa sensazione di chi va allo zoo e passa davanti ai recinti delle bestie feroci. Gli operai erano veramente tutti inferociti e mica poco. E i motivi erano sempre gli stessi: qualcuno forse perché cercava un appartamento, per farsi raggiungere dalla famiglia lasciata al Sud, e quando telefonava al numero letto sul cartello "affittasi" gli parlavano in piemontese e gli chiedevano se avesse letto bene il cartello che riportava in ottimo italiano "non si affitta a meridionali". A volte, poi, dando per scontato che i terroni non sanno né leggere né scrivere tagliavano corto e gli sbattevano giù il telefono.

Qualcun altro magari abitava in un buco al quarto o quinto piano senza ascensore e senza riscaldamento e al mattino non aveva nemmeno un po' d'acqua calda per togliersi il ghiaccio che la notte gli aveva legato gli occhi, perché lui era un po' claustrofobico e la testa non riusciva proprio a tenerla sotto le coperte.

Un altro ancora doveva andare spesso a Porta Palazzo o ai mercati generali a caricare e scaricare per assicurare alla famiglia un po' di frutta e verdura perché la paga era scarsa e qui al Nord doveva comperare anche il sole che spuntava al mattino e che spesso non vedeva nemmeno tanta era la fuliggine in quell'età del carbone e della legna usati per cuocere e scaldare. E non poteva non pensare a quando invece al suo paese, perfino d'inverno, trovava borragine, cicoria selvatica e tutta la verdura che i prati gli davano senza dover lavorare e, se guardava avanti, poteva vedere il mare e un cielo azzurro con le nuvole così bianche che sembravano fatte di zucchero filato. E pensava che al paese facevano il bagno in tanti giorni dell'anno e qui invece faceva freddo mentre aspettavi il pullman che ti portava in fabbrica, freddo quando giravi per fare la spesa, freddo in chiesa e perfino a letto da non riuscire a prendere sonno.

Insomma, troppi operai avevano un motivo per essere tristi e scontenti e ce l'avevano a morte con il governo ma ancor più con Agnelli e Valletta che ritenevano colpevoli più di ogni altro visto che "pure il governo lo facevano loro", perché così si diceva e ne erano tutti convinti.

Avevano certo realizzato che i loro sacrifici servivano per il futuro dei figli e dei nipoti, ma rischiare la salute e la vita lo ritenevano inaccettabile. Scioperavano spesso e tu volevi invece andare a lavorare anche perché i colletti bianchi che scioperavano con questi lavoratori erano soltanto i sindacalisti oppure qualcuno che confidava ciecamente nell'arrivo e nell'azione di Stalin per eliminare questo stato di ingiustizie e nell'attesa partecipava a qualsiasi protesta rivoluzionaria.

Certo, prima di presentarti al cancello di ingresso a Mirafiori, ci pensavi a lungo ed eri combattuto da tanti pensieri e interrogativi sul perché tu in quel momento, pur condividendo le loro proteste, non ritenevi opportuno partecipare allo sciopero.

Mi presentavo all'entrata e ogni volta erano sputi, lanci di monetine accompagnate da frasi ingiuriose tra le quali le meno offensive erano "morto di fame" e "Crumiro".

Ciò che più mi faceva rifiutare di partecipare a queste forme di lotta era che ormai duravano da così tanto tempo da non avere più alcun senso in quanto non consentivano di raggiungere più alcun risultato pratico verso l'obiettivo.

Si visse per lungo tempo in una situazione di totale anarchia e per un'inversione di rotta si sarebbe dovuto attendere fino all'ottobre del 1980, con la marcia dei quarantamila quadri Fiat.

Oltre Cortina

Già prima dell'ultimo conflitto mondiale, la Fiat aveva esportato i suoi prodotti nei paesi finiti poi sotto il controllo sovietico.

A guerra finita si cercò di riannodare i rapporti economici, ma le difficoltà erano tante e quasi sempre insormontabili.

Ricordo le forniture di vetture Fiat di alta classe alla Germania dell'Est, la DDR, in modeste quantità, destinate ai politici di rango e ai dirigenti di grossi enti economici.

Sempre alla DDR fornivamo trattori a cingoli e macchine movimento terra. Una fornitura, poi, abbiamo dovuto effettuarla sotto forma di pezzi di ricambio, perchè quell'anno, per mancanza di valuta pregiata non era consentita l'importazione del prodotto finito.

Si pensi alle difficoltà e ai costi per produrre, smontare e rimontare poi a destinazione un trattore. In più, al momento della fatturazione, ti trovavi a dover risolvere il rebus di quali prezzi applicare visto che si dovevano fatturare ricambi che invece erano trattori smontati.

La partecipazione alle varie fiere campionarie, tipo quella di Novi Sad in Ex Jugoslavia o quella di Lipsia in DDR, era diventata una consuetudine sia per coltivare le nostre speranze di un aumento delle vendite, sia per non arrecare un dispiacere e un danno economico agli organizzatori che cercavano di mantenere in vita questi eventi quali occasioni d'incontro con quel mondo che ai loro occhi doveva apparire più libero e più ricco di come in realtà non fosse.

Ricorderò sempre la trattativa con la ex Jugoslavia per la fornitura di 2.000 trattori che Tito aveva promesso in un suo viaggio in questa regione.

Durò due anni. Arrivammo persino a ipotizzare il pagamento con agnelli vivi - da far arrivare in Italia, per ragioni comprensibili, prima di Pasqua - ma non si giunse a una conclusione positiva.

Nel corso della lunga trattativa mi recai personalmente a Pristina e scoprii quella realtà musulmana fatta anche di alti recinti attorno alle case e di donne coperte di veli. Tito sembrava più amato che temuto in tutta la Jugoslavia di allora e forse anche perché faceva di tutto per apparire un oppositore più che un amico della Russia.

Girando quello che oggi si chiama Kosovo non si percepiva in alcun modo la presenza di un regime dispotico e autoritario, altrimenti credo che non avrebbero potuto aver luogo quelle cene nei ritrovi lontani dall'albergo dove si pernottava e nei quali ci si tratteneva a lungo per smaltire l'effetto delle grappe ingurgitate. Quante sbornie... E finivano tutte con la consuetudine di svuotare il calice con un'unica bevuta e gettarlo all'aria in segno di giubilo.

I soggiorni in DDR ti facevano realizzare che Marx sarebbe potuto nascere soltanto in Germania perché il popolo tedesco della DDR dava l'impressione di riuscire in qualche modo a dialogare con le utopie comuniste. Se infatti il comunismo negli altri paesi, Unione Sovietica in testa, stava portando al disfacimento totale, in DDR si notavano segni di vita e anche i prodotti industriali erano di uno standard qualitativo passabile.

Non intendo negare che l'inquinamento a Lipsia portasse a pensare a un girone dell'inferno dantesco e nemmeno che la dittatura non fosse ferrea e applicata con rigore teutonico, e nemmeno che la qualità della vita e della produzione industriale non fosse confrontabile in alcun modo con quella della Germania di Bonn. Quello che intendo dire è che, forse, se fosse dipeso soltanto da come andavano le cose in DDR, probabilmente il muro di Berlino sarebbe crollato molto, molto dopo.

Il senso di responsabilità civica, la fiducia nella classe dirigente, la laboriosità e la disciplina che sono alcuni dei valori del popolo tedesco, riuscivano a dare qualche forma di vita perfino a questo sistema socio-economico battezzato comunismo che altrove aveva invece già messo in luce tutte le sue insolubili contraddizioni.

Quando si soggiornava in Ungheria, si aveva la netta sensazione di trovarsi nel castello di una nobile signora che il destino aveva ridotto alla povertà e l'unico legame con il passato prospero e felice erano le opere d'arte e gli splendori presenti in ogni dove che la miseria del momento rischiava di cancellare.

Passando da Buda a Pest ci si imbatteva in ogni angolo nei fasti lasciati dall'Impero austro-ungarico che l'incuria minacciava di far perdere per sempre.

La situazione in Romania, che rilevavo nei miei frequenti viaggi di lavoro, peggiorava sempre di più e i problemi del paese si ripercuotevano anche sull'apparato industriale, per cui la qualità della produzione era sempre più scadente anziché migliorare.

Un esempio illuminante è quello di un problema al motore che avevamo già affrontato e risolto una volta. Riguardava la fusione del basamento e il difetto nasceva quindi in fonderia.

Indagando meglio le cause dell'anomalia scoprimmo che in fonderia lavorava manodopera costituita quasi esclusivamente da Rom i quali dormivano, mangiavano e lavoravano in fabbrica in condizioni di totale degrado e abbrutimento. Quello che non veniva compreso in alcun modo da questi operai era che bisognava assicurare alle anime di fonderia e a tutte le attrezzature un determinato livello di pulizia, altrimenti le fusioni non sarebbero mai risultate di qualità accettabile.

In sostanza non riuscivano a conferire al lavoro che svolgevano quel livello minimo di qualità di cui essi stessi non disponevano. Riflettendo, ti rendevi conto del perché le fabbriche di orologi di precisione erano nate in Svizzera.

La miseria nera aumentava sempre di più: le vetrine dei migliori negozi alimentari di Brasov esponevano un cavolo cappuccio e una scatola di sardine e la sera nelle strade centrali della città l'illuminazione era talmente insufficiente che si faceva fatica a vedere e schivare le persone che incrociavi passeggiando.

Uno degli ultimi viaggi lo feci a Bucarest con un aereo privato Fiat perché prevedeva la firma, a livello ministeriale, di un importante accordo di collaborazione.

Al momento della partenza per il rientro in Italia fummo accompagnati da una delegazione del Ministero dell'Industria, di cui conoscevo i membri più autorevoli.

Giunti all'aeroporto sentii il bisogno di andare in bagno ma fui costretto a cambiare programma perché sulla tazza pioveva acqua proveniente dallo sciacquone.

Si era giunti al punto che non riuscivano nemmeno ad assicurare che fosse funzionante il bagno dell'unico aeroporto internazionale.

Di fronte a un tale scempio credo che ogni uomo libero fosse portato a sospirare, come speranza e auspicio assieme, la battuta di Edoardo De Filippo «addà passà a nuttata». Questo era l'evento che ormai tutti attendevamo.

Vittorio Di Iorio

18 Aprile 2014
18° Lettera

Caro Presidente Renzi,
Quando anche Lei si troverà a vivere la terza età, Le capiterà di riflettere spesso e con maggiore disponibilità di tempo sul senso della vita, sulle fedi, sulle varie religioni nonché dove approdiamo con l'ultimo viaggio e cosa ci attende.
Le invio in lettura le mie riflessioni in merito a religioni e cristianesimo.

Le religioni
Gli stati che aderiscono alla carta dell'Onu sono oggi 192 su un totale di circa 200 esistenti al momento sul pianeta terra.
Se si legge la carta dell'Onu alla fine si finisce inevitabilmente con il constatare che esiste un divario, a volte un abisso, tra il contenuto dei vari suoi capitoli e quanto succede in tutti gli stati firmatari, nessuno escluso.
Se poi si cerca di individuare le cause di questo stato di cose si finisce con il rendersi conto che esse hanno quasi tutte un fondamento religioso.
Certo, ciò vale in primo luogo per gli stati che hanno posto a fondamento della loro costituzione la sharia o qualche altra religione, ma il discorso non finisce qui.
Perché ci sono tanti altri paesi dove tiranni e impostori sfruttano le religioni, con la connivenza dei capi di esse, per combinarne di tutti i colori.

Ricordo sempre con molta amarezza i miei viaggi di lavoro in Sud Africa, quando Mandela era in prigione e la Chiesa locale non si vergognava di sostenere l'apartheid.

Si pensi al ruolo della religione nelle caste in India.

E' vero poi che gli U.S.A. e i paesi evoluti e liberi hanno una costituzione detta laica che non attribuisce quindi potere alcuno a questa o quella religione, ciò tuttavia non impedisce alle varie religioni di esercitare, in maniera subdola, anche in questi paesi un ruolo in contrasto con la carta dell'Onu complicando così non poco la vita alle persone.

In questi paesi, se persone di fede diversa, tanto per fare qualche esempio, si vogliono sposare, qualcuno deve almeno cambiare religione e anche se non ti ammazzano, come succede in certi paesi islamici, sei comunque spesso ghettizzato ed escluso dalla comunità di riferimento.

Ultimamente si sono aggiunti anche i testimoni di Geova. Provate a indagare quali difficoltà si incontrano a voler frequentare, avere una relazione, sposare un loro adepto.

Che le religioni consentono ai tiranni di giustificare tante ingiustizie e tanti crimini, l'aveva capito molto bene anche Hitler.

Basta documentarsi per scoprire quanti sforzi fece il nazismo, non soltanto per inventare la razza ariana ma anche per attribuire a essa un fondamento religioso.

Dopo aver per secoli istigato i rispettivi popoli a ogni tipo di lotte e di guerre che hanno prodotto fiumi di lacrime, sofferenze di ogni tipo e milioni di morti, i capi delle tre grandi religioni monoteiste un giorno decidono di parlarsi per trovare un modo di collaborare e concorrere assieme al raggiungimento della pace e all'elevazione dei popoli.

Dopo migliaia di secoli, devono probabilmente aver

realizzato che se non si parleranno in questo mondo poi saranno obbligati a farlo nell'Aldilà visto che non solo Dio, ma anche Inferno e Paradiso sono unici e gli stessi per tutti.

Ma tu non puoi non chiederti come faccia una religione, il Cristianesimo, alla quale hanno ammazzato il suo Dio, a dialogare con chi è accusato di avere ucciso questo suo Dio, e con i figli del sommo profeta Maometto, ai quali il loro Dio, che è anche il nostro, ha rivelato che Gesù Cristo è soltanto un profeta.

Leggi i libri di Papa Giovanni Paolo II e trovi scritto che soltanto la sua religione è quella vera e per togliere a tutti qualche dubbio al riguardo ha anche fatto incastonare nella corona della Madonna di Fatima la pallottola che lo ha ferito in piazza San Pietro.

Insomma il mistero della Trinità sembra non lasciare spazio a grandi progressi perché tu capisci che i capi possono parlare del tempo, di animali, di fiori e cose simili perché se cominciano a discutere di dottrina e di fede probabilmente dopo un po' iniziano a litigare di nuovo.

A giudicare poi dalla strage di cristiani perpetrata quotidianamente in tante parti del mondo, viene il dubbio che questi sforzi sortiscano addirittura effetti contrari.

Personalmente sono convinto che, fino a quando i capi di tutte le religioni non si decideranno a predicare ai popoli che Dio è uno solo per tutti e che ogni religione è solo il diverso modo in cui ognuno ritiene di venerarlo, amarlo e ringraziarlo per la vita che ogni giorno ci dà, di progressi non se ne faranno.

In verità, a rifletterci bene, non riesci a nutrire molte speranze a questo riguardo, perché ciò significherebbe chiedere loro non soltanto di cambiare rotta ma di rinnegare quanto hanno fatto nei secoli fino a oggi esclusivamente per sete di potere, affermando sempre tutti di essere stati convocati da Dio che avrebbe rivelato loro la verità assoluta e chiesto di diffonderla nel mondo. Si pensi alle crociate!!

Fanno finta di non comprendere che le religioni sono come le lingue e che quindi ognuno vuole avere il diritto, che non nuoce a nessuno, di parlare e professare quelle del paese in cui è nato.

Non riesci a far ragionare i politici che promettono cose di questo mondo figuriamoci questi capi che parlano dell'Aldilà ossia di cose che nessuno vede, conosce e può giudicare!

Il Cristianesimo

Hai solo qualche mese di vita e già ti arruolano senza chiedere il tuo consenso e devi ritenerti anche fortunato perché se ti succedesse l'irreparabile andresti anche nel Limbo e non sarebbe certo piacevole.

A scuola, almeno ai miei tempi, non ti facevano sorgere il minimo dubbio che potessero esistere altre religioni oltre alla nostra.

Il primo grosso ostacolo, nel rapporto con la nostra religione, lo si incontra nella gestione del sesso, perché oltre che con il tuo corpo e la tua coscienza devi fare i conti soprattutto con la tua Chiesa. Ti viene spiegato che, prima e al di fuori del matrimonio, assecondare qualsiasi tipo di sussulto legato al sesso è peccato. Fare sesso deve servire soltanto ad assicurare la continuazione della specie. La Chiesa anziché riconoscere che la specie umana deve la sua sopravvivenza a questo istinto primordiale e irrefrenabile, considera il sesso un "optional" da utilizzare una o due volte nella vita a seconda del numero di figli che anche se non desideri devi accettare perché il binomio sesso-figli è inscindibile.

A conferma che questa forza dirompente e spesso incontrollabile viene ritenuta dalla Chiesa cattolica un qualcosa di facilmente gestibile, essa istituisce per i suoi servitori il voto di castità che deve servire anche a garantire che essi dedichino le loro cure soltanto ai figli degli altri.

Questa sua semplicistica visione sembra non venga messa in dubbio nemmeno dal fatto che i suoi servitori non riescono a fare a meno di praticare sesso in ogni forma.

Per fortuna che la natura del sesso non risponde in alcun modo a questa visione della nostra chiesa perché il giorno in cui esso fosse gestibile al punto da essere praticato soltanto in funzione della procreazione l'uomo sparirebbe quale specie.

Il sesso viene demonizzato e si crea così il presupposto per una serie infinita di problemi.

Se ad esempio la natura ha voluto che tu nascessi omosessuale già il fatto che tu esista dà fastidio a mezzo mondo ed è semplicemente impensabile che tu ti serva poi di questo "optional" addirittura per fare l'amore con uno che apparentemente appartiene al tuo stesso sesso.

Se sei ammalato di Aids o di altre malattie contagiose e appartieni a quella ristretta cerchia di individui istruiti e coscienziosi che per evitare di infettare gli altri usano il preservativo, quando vai a confessarti scopri che hai peccato in maniera veramente grave, perché non hai fatto l'amore per avere un figlio e come aggravante c'è il fatto che ti sei organizzato con il preservativo, un aggeggio innaturale che, se non è difettoso, i figli non consente di generarli.

Non parliamo poi di fecondazione assistita, perché qui l'atto naturale viene visto sostituito da un processo industriale che deve rimanere confinato alla Fiat altrimenti si scambiano i figli per automobili e vuol dire che siamo veramente impazziti tutti.

Fai un'ecografia, ti dicono che quel principio di vita è destinato a essere uno storpio nel fisico e nella mente, sei certa che non sarete capaci di accettare un tale diabolico capriccio della natura, abortisci, come ti consente la legge, e loro ti condannano. Eppure Gesù Cristo è vero che gli storpi li amava, ma appena ne incontrava uno gli diceva «alzati e cammina».

Giacché questa condanna non la accetti e la vuoi rimuovere, perché potrebbe penetrare nel tuo animo e lentamente divorarti come un cancro, cominci a pensare che forse oggi si sbagliano, come succedeva prima, quando non soltanto non davano valore alcuno a questi feti malformati ma se la prendevano anche con persone adulte e sane. E, non soltanto le torturavano, con gli attrezzi e le macchine più sofisticate e diaboliche che continuamente inventavano e perfezionavano, ma le bruciavano vive e tra streghe ed eretici ci finivano spesso anche gli scienziati.

Hai quasi 100 anni, ti trovi al quinto piano di un ospedale, sei talmente malmesso nel corpo, nel cervello e nell'animo che perdi l'equilibrio e precipiti giù. Non solo ti condannano ma non vogliono nemmeno che in chiesa ci entri perché le eccezioni sono riservate ai Franco e ai Pinochet.

Sei sposato, incominci a litigare con tua moglie ed entrambi un giorno vi rendete conto che siete talmente vicini al precipizio che dovete separarvi altrimenti uno dei due ammazza l'altro e forse anche i figli, se ne avete.

Vi condannano, non vi danno più la comunione e vi dicono che dovete sedervi in fondo alla chiesa, ma giacché sono ormai più i divorziati che gli eletti, non c'è più posto là in fondo, siete costretti a sedervi dove vi capita e il vostro cervello è preda di una tale confusione, di sensazioni di colpa, che vi assale la paura che qualcuno vi possa richiamare all'ordine e perfino cacciare dalla chiesa.

Le statistiche dicono che ci sono oltre un miliardo e mezzo di cattolici. Giacché sulla terra ci sono già otto miliardi di individui e considerando che il miliardo e mezzo è fatto più di individui battezzati alla nascita che di veri credenti e devoti, alla luce di quanto esaminato ti assalgono alcuni dubbi atroci.

Il primo ti porta a pensare che il Dio della tua religione non è giusto visto che si è manifestato soltanto a pochi e li sta anche perdendo per strada.

Il secondo dubbio ti fa pensare che Egli non è nemmeno buono perché chiede ai suoi figli soltanto rinunce e sofferenze e ce l'ha perfino con quelli che non chiedono nemmeno la felicità ma vogliono semplicemente vivere la loro vita senza dare fastidio a nessuno.

Il terzo dubbio, che è una certezza e che ti dà la forza di vivere e continuare a sperare, è che il Dio di questa religione, che ormai galoppa verso l'estinzione, non esiste proprio. Allora cominci a rivolgerti direttamente al Dio giusto, al Dio vero, quello che ti ama e ti pone una sola condizione: ama il prossimo tuo come te stesso.

Ma quando la situazione sembrava senza speranza quel Dio di tutti ci manda prima il Cardinale Martini e poi Papa Francesco.

C'è poi un quesito al quale non riesco a dare una qualche

pur minima risposta e cioè perché nelle questioni religiose la Chiesa può operare in maniera così totalitaria e incontrastata e noi che la sosteniamo economicamente non abbiamo la possibilità di incidere in alcun modo. Almeno i politici hanno la furbizia di saperci prendere per i fondelli declamando tutti assieme quotidianamente: «solo il popolo è sovrano».
Vittorio Di Iorio

Ho fatto un sogno

La mia mente, probabilmente delusa ed angosciata dal fatto che il mostruoso debito pubblico nel frattempo è piuttosto aumentato anziché essere stato ridotto ha fatto ricorso ad un sogno che desidero riportare qui di seguito.

Il nostro presidente per abbattere questo enorme debito pubblico ha l'idea geniale di rivolgersi al grande cuore degli italiani ed istituisce, non ricordo bene se un'onorificenza o addirittura una specie di Pantheon, tipo quello di Israele per i "giusti", che premia i "buoni" d'Italia che faranno una donazione destinata a salvare l'Italia, l'Euro e il sogno europeo.

Quest'appello riscuote un tale successo che si crea una gara che coinvolge tutti.

I mezzi di informazione e comunicazione ricordano continuamente che il debito ha ormai superato la quota di 30.000 (trentamila) Euro per ogni cittadino. Poichè l'importo totale del debito rasenta quindi i 2000 miliardi di Euro (duemila), nei dibattiti gli esperti spiegano che questa gara di donazione è destinata a durare tutto l'anno e anche per più anni.

Agli attestati di benemerenza del Presidente della Repubblica si aggiungono subito le iniziative dei comuni. Alcuni di essi decidono di erigere un monumento del tipo di quelli che ricordano i caduti per la patria di tutte le guerre, perché chi dona ora salva la patria dalla miseria, da rivolte popolari, da populismi, dall'antipolitica oltre ad impedire la scomparsa dell'Euro e rafforzare le possibilità di realizzazione del sogno dell'Europa Unita.

Le donazioni che più portano all'apprezzamento ed alla commozione sono quelle fatte dalle persone che non arrivano alla fine del mese, perché giustamente ogni somma viene valutata in base alle rinunce fatte.

Molti cittadini senza prole, nei loro testamenti lasciano i beni in eredità al fondo di solidarietà anziché a nipoti, cugini o lontani parenti.

Altri adottano il fondo come figlio aggiuntivo con diritto di partecipazione all'eredità.

Molti titolari di pensioni d'oro autorizzano la banca a dirottare dai loro conti una somma sul conto di solidarietà nazionale disposto dal Presidente.

Le società quotate in borsa decidono di emettere un certo numero di azioni da assegnare gratuitamente al fondo in questione che potrà così partecipare alla riscossione del dividendo in veste di azionista privilegiato.

Gli evasori fiscali, i politici ladri, i malavitosi di tutte le mafie e gli sfruttatori del lavoro umano donano somme di entità tale che sembra vogliano emulare coloro che nei secoli passati, in vita o per testamento, permisero con le loro donazioni la realizzazione di parte del patrimonio artistico del nostro paese, in special modo quello consistente in chiese, cattedrali, monasteri, monumenti ed opere dedicati a Dio e ai santi per poter sperare nel perdono, una volta nell'aldilà, per i misfatti compiuti in terra.

I Paperoni, ossia i più ricchi in assoluto, alcuni dei quali si erano in passato lamentati di pagare in tasse aliquote inferiori a quelle delle loro segretarie versano contributi veramente significativi.

I grandi manager donano parte dei loro bonus e spesso parte anche delle loro ingenti liquidazioni.

I professionisti quotati e quindi con grossi guadagni donano anch'essi somme cospicue.

I giocatori di calcio, soprattutto quelli di serie A, donano davvero tanto anche se non ne risentono affatto in special modo gli attaccanti che guadagnano un milione di euro per ogni gol realizzato.

I cantanti, gli attori e gli artisti in generale anche loro fanno a gara a chi versa di più. C'è anche chi dispone che i diritti d'autore post mortem vengano destinati in parte al fondo di solidarietà.

Quante partite di calcio e concerti fatti per destinare l'incasso al fondo di solidarietà!

L'Italia si trova subito nella condizione di abbattere il debito e utilizza subito parte delle risorse per ridurre le tasse a chi le ha sempre pagate e non riesce a far quadrare i conti.

I consumi riprendono ad aumentare e le industrie ad assumere per produrre di più.

Ingenti risorse vengono destinate a finanziare la ricerca ed a promuovere la formazione dei giovani con ogni mezzo puntando in special modo sui master più utili ad un paese che vuole rimanere nel gruppo dei paesi ad economia avanzata e welfare sostenuto.

Non passa molto tempo che coloro che non arrivavano alla fine del mese ricominciano a vivere in maniera dignitosa e a mettere ogni mese qualche euro da parte.

Il vero miracolo colpisce i ricchi che si trovano nel giro di pochi mesi a vedere raddoppiato il valore delle loro azioni in borsa ed un cospicuo recupero del valore del loro patrimonio immobiliare.

Scoprono che essersi privati di una parte delle loro ricchezze per salvare l'Italia è risultata alla fine un'operazione che li ha resi più ricchi ed ha salvato quel capitalismo che loro stessi avevano contribuito a fare impazzire.

Fu insomma l'inizio di un nuovo Rinascimento italiano, fioccarono premi Nobel a non finire e da tanti paesi arrivano delegazioni a studiare quest'ennesimo miracolo italiano.

Raggiungo nel sonno un tale livello di euforia e fierezza di essere un italiano che mi sveglio di soprassalto e mi precipito a comunicare il mio sogno al nostro Presidente.

Egregio prof. Mario Monti,
Desidero farle avere le mie considerazioni su come affrontare il problema del debito pubblico del nostro paese e quello dello sviluppo che ho già inviato al presidente dell'unione europea Herman Von Rompuy ed alla cancelliera Angela Merkel.

Debito pubblico

Le varie mafie, la corruzione, l'evasione fiscale ed una politica di spesa da parte dei politici italiani rivolta ad avere il consenso in un momento storico in cui ciò serviva anche ad arginare il pericolo del comunismo in Italia hanno generato il noto debito pubblico di circa 2.000 miliardi di Euro.

Oggi poche famiglie italiane sono detentrici di una ricchezza di oltre 8.000 miliardi di euro accumulata soprattutto alle storture spesso criminali di cui sopra.

Lo stato italiano che dovrebbe sentirsi moralmente autorizzato a richiedere a questi Paperoni la restituzione di una parte di questa somma in larga misura sottratta al fisco o rubata in vari modi ed i relativi interessi, si trova invece esso stato a combattere ogni settimana per collocare i titoli di stato pagando interessi sempre più crescenti.

Ho scritto queste riflessioni in quanto in Italia si parla di patrimoniale che dovrebbe essere varato dal prossimo suo governo che mi auguro ci sarà e presto. Il problema consiste nel fatto che fino ad oggi soltanto Alessandro Profumo, ex amministratore delegato di unicredit, ha parlato di una patrimoniale un po' decente accennando ad un importo di 400 miliardi di euro.

Io ritengo e credo così pure molti altri italiani che il problema del debito pubblico si risolve esclusivamente se detta patrimoniale sarà tale da assicurare almeno 900 miliardi di euro. Che una patrimoniale di tale entità possa anche costringere questi super ricchi a vendere qualche pezzo del loro patrimonio non va considerato un fatto né ingiusto e nemmeno immorale ma semplicemente un'azione di pura giustizia sociale mirata a salvare l'Italia e sembra addirittura l'euro e la costruzione del sogno di un'Europa unita.

Sviluppo

Dopo una vita spesa lavorando in giro per il mondo oggi vivo in Molise dove sono nato nel 1936, una delle regioni d'Italia ove lo sviluppo non è ancora arrivato.

Per assicurare all'Italia il necessario sviluppo bisogna assolutamente risolvere la così detta questione meridionale. E' assurdo che nel meridione d'Italia ove il costo della vita è almeno del 30% inferiore a quello che si sostiene al Nord si continui ad imporre lo stesso salario sindacale minimo valido per l'intero territorio nazionale. Trattasi di una legge assurda che ha avuto come tragica conseguenza il fatto che in questa parte d'Italia nessuno ha investito in passato e nessuno investe oggi in attività manifatturiere. Nel meridione oggi si sopravvive quasi esclusivamente di elemosine dello stato sotto forma di elargizioni spesso fraudolente (molte pensioni di invalidità) e di attività agricole da terzo e quarto mondo che impegnano a volte intere famiglie e che comportano a volte una ricompensa oraria di qualche euro così poco sono pagati i prodotti agricoli da esse generate. Sembra necessario quindi che il prossimo governo elimini questo salario nazionale unico che fino ad oggi al meridione d'Italia ha soltanto arrecato un danno morale e materiale enorme escludendole da uno sviluppo socioeconomico serio, ordinato e duraturo.

Mi piace sperare che lei possa condividere in qualche misura queste mie considerazioni.

La ringrazio per il tempo che mi ha dedicato e nel porgerle i miei migliori auguri la saluto con molta stima.

Vittorio Di Iorio

A GREETING OF SOLIDARITY TO EMIGRANTS

Too many hopeless people die while pursuing dreams of a lifetime.

Many, when captured, are brought back to their country of origin and, I know, at that moment they curse my country. I would have done likewise if the two policemen on the boat had prevented me from reaching London. Therefore, I ask you to forgive this violence that is being inflicted upon you and that destroys all your life dreams.

My grandfather, like the other emigrants, was called WOP in America and this meant people found "without official paper".

In Europe, by some we were labeled as "macaroni" and for others we were known as "spaghettifresser". The type of pasta could change but the idea remained the same.

In the Northern part of Italy, it was much the same and I too was witness to the signs which read "we do not let out to Southerners". Throughout Europe nothing changed, they didn't even want us in the restaurants and the bar and they made it clear with the same type of signs that they used for keeping out dogs.

When they do let you stay here, the sacrifices which you make are primarily for the future of your children rather than for yourself.

Many of you will hold prestigious positions and others will become doctors and engineers. The fairy tale of Obama will repeat itself.

Don't get discouraged, don't lose heart, don't give up because history will prove that you are right.

Having worked as a farmer in France, a waiter in Germany and as a cook and butler in England, not only do I understand your torments, but I feel authorized to express my solidarity to all of you.